Shreya Agrawal

Uma abordagem combinatória para um sistema de recomendação de filmes

AF670026

Shreya Agrawal

Uma abordagem combinatória para um sistema de recomendação de filmes

ScienciaScripts

Imprint
Any brand names and product names mentioned in this book are subject to trademark, brand or patent protection and are trademarks or registered trademarks of their respective holders. The use of brand names, product names, common names, trade names, product descriptions etc. even without a particular marking in this work is in no way to be construed to mean that such names may be regarded as unrestricted in respect of trademark and brand protection legislation and could thus be used by anyone.

Cover image: www.ingimage.com

This book is a translation from the original published under ISBN 978-613-3-99095-1.

Publisher:
Sciencia Scripts
is a trademark of
Dodo Books Indian Ocean Ltd. and OmniScriptum S.R.L publishing group

120 High Road, East Finchley, London, N2 9ED, United Kingdom
Str. Armeneasca 28/1, office 1, Chisinau MD-2012, Republic of Moldova, Europe
Printed at: see last page
ISBN: 978-620-8-07160-8

ÍNDICE DE CONTEÚDOS

LISTA DE ABREVIATURAS

Abbreviation	Description
MRS	Movie Recommendation System
CF	Collaborative Approach
CB	Content-Based Approach
UB	User Based Approach
IB	Item Based Approach
AIS	Artificial Immune System
SVM	Support Vector Machine
JFC	Java Foundation Classes
AWT	Abstract Window Toolkit
IDE	Integrated Development Environment
API	Application Programming Interface
GUI	Graphical User Interface
GPS	Global Positioning System

RESUMO

À medida que a Índia avança progressivamente para a digitalização e com o rápido desenvolvimento da tecnologia da Internet, todas as empresas, quer governamentais quer privadas, estão a funcionar eletronicamente, o que faz com que muitos dados e informações se acumulem diariamente na Web. Isto conduz a um aumento do volume de dados e informações na Internet. A procura de um serviço ou produto preferido através desta vasta quantidade de dados é um trabalho infernal para um cliente. Perde-se muito tempo precioso e, neste mundo agitado, ninguém pode correr o risco de perder tempo com esse objetivo. Isto dificultou o progresso do meio eletrónico para as empresas. Este facto leva a um aumento do tempo de pesquisa de qualquer serviço ou artigo necessário, o que resultou na necessidade de um sistema de recomendação. Assim, surgiram os sistemas de recomendação, que utilizavam uma função de semelhança e ajudavam os utilizadores a controlar e a orientar a pesquisa numa direção específica, de acordo com o desejo do cliente. Trata-se de uma vantagem bidirecional, que permite aos utilizadores encontrar os artigos desejados e ajuda as empresas a gerar cada vez mais vendas. De um modo geral, é proveitoso que estes sistemas contribuam para um trabalho governamental sem papel, de modo a ajudar a Índia a tornar-se uma nação desenvolvida. Há um vasto campo de investigação neste domínio, como a resolução do problema da escalabilidade e a melhoria da qualidade nos futuros sistemas de recomendação. O grande volume de dados foi sempre um obstáculo à qualidade e à escalabilidade dos sistemas de recomendação.

Neste mundo agitado, o entretenimento é uma necessidade para cada um de nós para refrescar a nossa disposição e energia. Para nos revitalizarmos, podemos ouvir a nossa música preferida ou ver filmes da nossa escolha. Para ver filmes favoráveis em linha, podemos utilizar sistemas de recomendação de filmes, que são mais fiáveis, uma vez que a procura de filmes preferidos exige cada vez mais tempo, que não se pode desperdiçar.

Nesta dissertação, o trabalho proposto inclui a abordagem do problema de um sistema de recomendação de filmes. No trabalho proposto, para melhorar a escalabilidade, a qualidade e a precisão do sistema de recomendação de filmes, é apresentada uma fusão da técnica baseada em conteúdos e da técnica colaborativa, utilizando um algoritmo simples de Máquina de Vectores de Suporte como classificador e um algoritmo genético. O algoritmo genético é utilizado para a otimização. Tanto as tácticas baseadas em conteúdos como as tácticas colaborativas são muito populares e têm as suas próprias vantagens e obstáculos. Esta fusão de abordagens é útil para obter os benefícios de ambas as abordagens, ao mesmo tempo que os estrangulamentos de ambos os métodos serão eliminados. A solução proposta é implementada na plataforma Java (linguagem Java) utilizando o IDE Net Beans e a aplicação Java Swing. As comparações das abordagens puras são feitas com a abordagem proposta para três conjuntos de dados de lentes de filmes de diferentes dimensões e os resultados comparativos mostram que a abordagem proposta apresenta uma melhoria na precisão, qualidade e escalabilidade do sistema de recomendação de filmes do que as abordagens puras.

Capítulo - 1

Introdução

1.1 Visão geral

Os sistemas de recomendação são a tecnologia mais predominante, influente e avançada para extrair um valor adicional para qualquer empresa a partir da base de dados do utilizador. Os motores de recomendação estão a desempenhar um papel vital no comércio eletrónico na Web. A força do comércio eletrónico reside na eficiência com que os clientes conseguem encontrar os artigos ou serviços que desejam nos sítios Web. Isto significa que um sistema de recomendação deve ser extremamente capaz de dar recomendações corretas aos clientes, quer estes peçam um artigo ou um serviço. Os sistemas de recomendação têm vastas aplicações, como, por exemplo, para os conteúdos, são utilizados para recomendar páginas Web, jornais ou documentos, para o entretenimento, são utilizados para recomendar filmes ou música, para o comércio eletrónico, são utilizados para recomendar artigos aos compradores, ou noutros serviços, como a recomendação de serviços hoteleiros, serviços de viagem ou recomendação de emprego.

O cinema é uma parte integrante da vida e é a principal fonte de entretenimento. O entretenimento recupera a nossa confiança no trabalho e podemos trabalhar com mais entusiasmo. Existem diferentes tipos de filmes, alguns para entretenimento, outros para fins educativos, alguns são filmes de animação para crianças e outros são filmes de terror ou de ação. Os filmes podem ser facilmente diferenciados pelos seus géneros, como a comédia, o thriller, a ação, etc. Outra forma de distinguir os filmes pode ser através do ano de lançamento, da língua, do realizador ou do elenco, etc. Para ver filmes online, há uma série de filmes para pesquisar nos nossos filmes mais apreciados. Sempre que alguém quiser ver os filmes da sua escolha, tem de selecionar os filmes preferidos entre as muitas opções de filmes disponíveis. Uma vez que existe uma enorme quantidade de dados de filmes e de dados de utilizadores em linha e que, de dia para dia, os dados de filmes e de utilizadores estão a aumentar na Web, procurar um filme preferido é uma tarefa difícil. Assim, os sistemas de recomendação de filmes ajudam-nos a procurar os nossos filmes preferidos entre todos estes diferentes tipos de filmes com a ajuda das classificações atribuídas a diferentes filmes por diferentes utilizadores e, por conseguinte, reduzem o problema de passar muito tempo a procurar os nossos filmes preferidos. Assim, é necessário que o sistema de recomendação de filmes seja muito fiável e que nos forneça a recomendação de filmes que sejam exatamente iguais ou mais adequados às nossas preferências.

Para que um sistema recomende filmes aos utilizadores, em primeiro lugar, o utilizador terá de classificar um determinado número de filmes para que o sistema possa conhecer os gostos ou não gostos do utilizador e, em seguida, o sistema pode recomendar filmes aos utilizadores ou o sistema pode obter o feedback do utilizador para conhecer as preferências do utilizador, após o que o sistema pode recomendar filmes aos utilizadores. Isto significa que este sistema se baseia na proximidade das classificações de diferentes utilizadores. Nos sistemas de recomendação de filmes, se cada vez mais filmes forem classificados, a qualidade da recomendação melhora cada vez mais.

1.2 Motivação

Neste mundo competitivo, os sistemas de recomendação são sistemas muito poderosos e úteis que actuam de forma semelhante à forma como recebemos conselhos ou sugestões de utilização de vários artigos de um lojista na vida real. Sempre que nos dirigimos a uma loja para comprar um determinado artigo, o lojista sugere-nos e tenta convencer-nos a comprar outros artigos também ao nosso gosto. Na maior parte das vezes, temos tendência para comprar o produto para experimentar e, se depois de o utilizarmos ficarmos satisfeitos, tornamo-nos utilizadores regulares desse produto. Desta forma, somos direcionados para o produto que desejamos e o lojista também beneficia com a venda do produto e o aumento das vendas. Mas como cada vez mais dados são transferidos para a Internet e para aumentar as vendas do comércio eletrónico, é necessário que exista um sistema de recomendação que possa assumir esta responsabilidade de sugerir produtos aos clientes, para melhoramento tanto dos clientes como das empresas.

No comércio eletrónico, as empresas recomendam produtos ou serviços aos clientes, que são anteriormente preferidos por eles ou que poderão vir a ser preferidos no futuro, e tendem a atrair clientes para os seus produtos ou serviços com a ajuda de sistemas de recomendação, o que contribui para aumentar as vendas. Os sistemas de recomendação ajudam os clientes a recordar os produtos ou serviços que utilizaram anteriormente. Por outro lado, os sistemas de recomendação também ajudam os clientes a conhecer novos artigos ou artigos anteriormente desconhecidos, utilizando informações de classificação de diferentes clientes e encontrando clientes semelhantes.

O sistema de recomendação de filmes é um sistema muito cativante e poderoso. Os motores de recomendação de filmes são a tecnologia mais crucial e inovadora para obter uma virtude auxiliar para o entretenimento. Existem muitos sistemas de recomendação de filmes que fazem este trabalho de forma fiável, mas como há muitos filmes e um grande número de utilizadores em linha, e ambos estão a aumentar de dia para dia, a qualidade dos sistemas de recomendação de filmes fica comprometida. Por conseguinte, existe uma enorme margem de exploração neste domínio para melhorar a escalabilidade, o tempo de computação, a precisão e a qualidade dos sistemas de recomendação de filmes.

No método existente, Hirdesh Shivhare et al. [2015] propuseram um método integrativo em que o agrupamento dos dados é efectuado primeiro utilizando a técnica de agrupamento fuzzy c- means e, em seguida, estes dados são aplicados à medida de similaridade ponderada. O algoritmo genético é aplicado para encontrar a medida de semelhança óptima e as métricas de semelhança para melhorar a qualidade de um sistema de recomendação. Este método baseia-se numa abordagem baseada num modelo colaborativo que sofre de um aumento do tempo de computação [1].

1.3 Objetivo

O principal objetivo do trabalho proposto é conceber e desenvolver um sistema eficiente de recomendação de filmes.

1. Investigar os diferentes sistemas de recomendação de filmes existentes: Nesta fase, o objetivo principal é estudar os diferentes tipos de sistemas de recomendação de filmes existentes.

2. Para melhorar o tempo de computação e a escalabilidade do sistema de recomendação de filmes existente: Nesta fase, é proposto e implementado um novo sistema híbrido de recomendação de filmes.

3. Testar a qualidade e a precisão do sistema de recomendação de filmes proposto: Nesta fase, o sistema de recomendação de filmes implementado é testado nos diferentes parâmetros de qualidade para determinar a eficiência do sistema de trabalho proposto.

Nesta secção, são apresentados os principais objectivos e metas do estudo.

1.4 Composição do documento

Capítulo 1	Introdução: Este capítulo apresenta uma descrição geral, a motivação e o objetivo do trabalho de investigação.
Capítulo 2	Revisão da literatura: Este capítulo fornece a base teórica para o trabalho de investigação no âmbito da revisão da literatura.
Capítulo 3	Teoria básica: Este capítulo fornece uma explicação dos Sistemas de Recomendação, classificação e aplicação dos Sistemas de Recomendação, Sistema de Recomendação de Filmes e suas vantagens.
Capítulo 4	Identificação do problema e metodologia: Este capítulo discute os desafios enfrentados pelos sistemas de recomendação e indica a área de melhoria.
Capítulo 5	Solução proposta: Este capítulo apresenta a solução proposta, aplicada neste trabalho de investigação, que descreve as formas como os problemas foram minimizados.
Capítulo 6	Análise de resultados: Este capítulo apresenta a implementação e os resultados avaliados para mostrar a versatilidade do trabalho proposto.
Capítulo 7	Conclusões e sugestões para trabalhos futuros: Este capítulo acrescenta a contribuição do trabalho apresentado nas unidades acima mencionadas e contempla o potencial para melhorias futuras.

Capítulo - 2

Revisão da literatura

2.1 Revisão da literatura

Esta parte examina vários conceitos e trabalhos recentes realizados para o sistema de recomendação de filmes.

Hirdesh Shivhare et al. [1] propuseram um método integrador que combina o método de agregação fuzzy c-means e a medida de similaridade ponderada baseada no algoritmo genético para construir um sistema de recomendação de filmes. O sistema de recomendação de filmes proposto fornece métricas de semelhança e qualidade mais finas do que o sistema de recomendação de filmes existente, mas o tempo de computação exigido pelo sistema de recomendação proposto é superior ao do sistema de recomendação existente.

Manoj Kumar et al. [2] propuseram um sistema de recomendação de filmes designado por MOVREC. Este sistema baseia-se no método de filtragem colaborativa. Neste sistema, foi utilizado o algoritmo k-means e a lista de filmes recomendados é ordenada de acordo com as classificações atribuídas a esses filmes por utilizadores anteriores. O sistema de recomendação apresentado gera recomendações utilizando vários tipos de dados sobre os utilizadores, os itens disponíveis e as transacções anteriores depositadas em bases de dados.

Kasra Madadipouya et al. [3] propuseram um motor de recomendação de filmes baseado no facto de a localização afetar fortemente as preferências cinematográficas dos utilizadores. Na sua abordagem, utilizaram a localização dos utilizadores e introduziram um motor de recomendação de filmes baseado na filtragem colaborativa. O seu trabalho centrou-se na melhoria da precisão e da qualidade das recomendações. Realizaram experiências com conjuntos de dados reais e discutiram o potencial da abordagem proposta.

RyuRi Kim et al. [4] propuseram um sistema de recomendação de filmes para fornecer classificações fiáveis de filmes. Esta abordagem realiza a avaliação correta contra a classificação incorrecta. Além disso, devem analisar os comentários das críticas do Twitter e a avaliação das emoções dos utilizadores. Como resultado, foi possível fornecer os filmes candidatos que se ajustam aos desejos do utilizador em tempo útil.

Karzan Wakil et al. [5] centraram-se no sistema de recomendação de filmes com base nas emoções humanas. No seu trabalho, prepararam uma nova abordagem híbrida para melhorar o sistema de recomendação de filmes, composta por filtragem baseada no conteúdo, filtragem colaborativa, algoritmo de deteção de emoções e o seu algoritmo, que foi apresentado por uma matriz. O resultado obtido foi uma melhor recomendação de filmes aos utilizadores, pois permite-lhes compreender a relação entre os seus estados emocionais e os filmes que lhes são recomendados.

Zan Wang et al. [6] propuseram um motor híbrido de recomendação de filmes baseado em modelos que utiliza o agrupamento refinado k-means associado a um algoritmo genético para dividir o espaço do utilizador alterado. A abordagem proposta permite a seleção de caraterísticas com base na análise de componentes principais, que foi efectuada em primeiro lugar em todo o espaço de dados e, em seguida, os agrupamentos foram produzidos a partir de um espaço vetorial de dimensão comparativamente baixa, convertido pela primeira etapa. Desta forma, o espaço inicial do utilizador torna-se fiável e de maior densidade, e é utilizado para a seleção da vizinhança em vez de ser encontrado em todo o espaço do utilizador. Em comparação com os sistemas tradicionais de recomendação de filmes, o método proposto produz uma estimativa eficaz das classificações dos filmes para os utilizadores actuais.

Bo Li et al. [7] debruçaram-se sobre os sistemas de recomendação de filmes. No seu artigo, apresentaram um método diferente que utiliza técnicas de aprendizagem automática para criar um agrupamento para o filme. Foram implementados diferentes métodos de agrupamento e o seu desempenho foi avaliado num sítio real de um fórum de filmes.

Mohammad Yahya H. Al-Shamri et al. [8] propuseram ponderações difusas para as medidas de semelhança muito populares nos sistemas baseados na memória. As ponderações difusas podem ser consideradas como um mecanismo de aprendizagem para apreender as escolhas dos utilizadores para as classificações. Quando comparada com a aprendizagem por algoritmo genético, a ponderação difusa é eficaz, mais rápida e não requer mais espaço. Os resultados experimentais mostram que as ponderações difusas melhoram o desempenho do sistema de recomendação colaborativo, independentemente das variáveis de ponderação difusa, em que as medidas de semelhança ponderadas difusamente excedem as suas contrapartes convencionais em termos de cobertura, PCP e erro absoluto médio.

F.Darvishi-mirshekarlou et al. [10] fez uma revisão sobre os sistemas de recomendação que utilizam a filtragem colaborativa. É um método muito prevalecente e bem sucedido que ajuda na recomendação de itens a utilizadores activos. Estes são os utilizadores que têm preferências idênticas e que se interessaram pelo item no passado. A principal preocupação da abordagem de filtragem colaborativa é a escalabilidade. Com o aumento gradual do número de consumidores e produtos, o tempo consumido para encontrar o vizinho semelhante do utilizador ativo ou do artigo aumenta e, consequentemente, é necessário um tempo de resposta adicional. Existem algumas formas de ultrapassar esta limitação, como o algoritmo de filtragem colaborativa item-item, os algoritmos de redução da dimensão, os algoritmos de agrupamento, etc. Para ultrapassar o desafio da escalabilidade, os algoritmos de agrupamento são a técnica mais vantajosa.

Debadrita Roy et al. [11] construíram um sistema de recomendação de filmes com a ajuda do Collaborative

Método de filtragem. Utilizaram o conjunto de dados da Netflix que contém um grande número de ficheiros e também utilizaram o algoritmo de maximização da expetativa. Também utilizaram algoritmos da técnica de filtragem colaborativa para recomendar filmes a novos utilizadores.

Dong Nie et al. [13] propuseram uma abordagem para medir as preferências dos utilizadores em termos de géneros de filmes, utilizando o PCC (coeficiente de correlação de Pearson) para calcular a semelhança entre utilizadores. Consideraram os dados não classificados da informação sobre o género e introduziram a estrutura de factorização matricial para a regularização das preferências de género e também esta abordagem pode ser aplicada para aumentar a diversidade de género das recomendações até certo ponto. Realizaram experiências com o conjunto de dados Movie Lens, que demonstraram que a abordagem tem um bom desempenho.

Sajal Halder et al. [14] propuseram um sistema de recomendação de filmes que tem a capacidade de recomendar filmes a um novo utilizador. O sistema explora a base de dados de filmes para reunir toda a informação importante, como a popularidade e a atratividade, que são necessárias para a recomendação. Produz enxames de filmes que são úteis para recomendações de filmes. Foram efectuados estudos experimentais com dados reais que revelaram a eficiência do sistema proposto.

Mahiye Uluyagmur et al. [15] introduziram um sistema de recomendação de filmes baseado no conteúdo que pode utilizar vários conjuntos de caraterísticas como actores, realizadores, género e palavras-chave. Para cada utilizador, atribuíram um peso a cada caraterística de um conjunto de caraterísticas com base nas acções passadas de um determinado utilizador. Previram as classificações dos filmes e dos utilizadores utilizando um conjunto de caraterísticas específico e combinando os pesos das caraterísticas dos filmes específicos do utilizador. Avaliaram cada abordagem de recomendação com base na precisão, na recuperação e na medida F para 10 recomendações de filmes.

Sang-Ki Ko et al. [16] propuseram um sistema de recomendação de filmes, que se baseia em correlações de géneros, utilizando uma lista de filmes como entrada em vez de combinações de géneros. A implementação do algoritmo de recomendação é feita como aplicação Android com algumas funções adicionais. Foi também implementada uma função baseada na localização. Este sistema combina-se com os serviços Web existentes, como os horários de exibição de filmes do Google e as API abertas, e pode recomendar os filmes que estão a ser exibidos nas salas de cinema e também mostra as informações detalhadas dos filmes. Utilizando a informação GPS do dispositivo móvel e o serviço Web fornecido pelo Google Maps, este sistema também ajuda a recomendar cinemas adequados aos utilizadores.

Mustansar Ali Ghazanfar et al. [19] propuseram um método de recomendação híbrido de comutação distinto através da combinação de um método de classificação Naive Bayes e da filtragem colaborativa. Foram realizadas experiências em dois conjuntos de dados diferentes, o que mostra que o sistema é escalável e proporciona uma melhor precisão e cobertura, além de eliminar alguns dos problemas registados nos sistemas de recomendação.

Gaurangi Tilak et al. [20] apresentaram o MovieGEN, um sistema pericial para recomendação de filmes. Implementaram o sistema utilizando aprendizagem automática e análise de clusters com base num método de recomendação híbrido. Com base na previsão da máquina de vectores de apoio, seleciona filmes do conjunto de dados, agrupa os filmes e faz perguntas aos utilizadores. Com base nas respostas dos utilizadores, refina o conjunto de filmes e, por fim, recomenda filmes aos utilizadores.

Christina Christakou et al. [21] construíram um sistema com a integração dos resultados de técnicas de filtragem colaborativa e baseadas no conteúdo que fornece recomendações de filmes mais exactas. Para testar o sistema de recomendação híbrido proposto, foi utilizado um conjunto de dados de lentes de filmes.

Q Chen et al. [22] aplicaram o Sistema Imunitário Artificial (AIS) à técnica de Filtragem Colaborativa (FC) para criar um sistema de recomendação de filmes. Para o cálculo do coeficiente de correlação, foram utilizados dois algoritmos de medida de afinidade do AIS.

Kyung-Yong Jung et al. [23] descreve um sistema de recomendação personalizada de filmes que utiliza o WebBot, uma filtragem híbrida de duas vias e um algoritmo de aprendizagem automática para a extração de páginas Web e cartazes de filmes. Foram efectuadas experiências online para validar este sistema.

B. Man Kim et al. [24] propuseram a aplicação de agrupamentos à filtragem colaborativa baseada em itens para resolver o problema do arranque a frio. Sugerem também uma forma de integrar a informação baseada em conteúdos na filtragem colaborativa. Foram efectuadas várias experiências com dados do Movie Lens para analisar as caraterísticas da técnica. O resultado mostra que a abordagem contribui para a melhoria da qualidade de previsão da abordagem de filtragem colaborativa baseada em itens, principalmente para o problema do arranque a frio.

Kaivan Wadia et al. [25] Um mapa auto-organizável é um método de rede neural no domínio da aprendizagem não supervisionada. O seu artigo apresenta um método para implementar um sistema de recomendação baseado em mapas auto-organizáveis. Trabalhando com um subconjunto da Internet Movie Database, mostraram que o seu sistema tem um desempenho razoavelmente melhor do que outros sistemas.

2.2 Resumo do capítulo

Este capítulo examina o trabalho recente efectuado no âmbito dos sistemas de recomendação de filmes, o que ajuda a melhorar o trabalho futuro que acrescenta alguma metodologia melhorada para os desafios envolvidos nos sistemas de recomendação de filmes.

Capítulo - 3

Teoria básica

3.1 Sistema de Recomendação

O sistema de recomendação baseia-se no conceito de purificação da informação. Os sistemas de recomendação sugerem o mesmo que um conselho que recebemos de um lojista numa loja local para comprar um produto ou de um consultor num gabinete de serviços de consultoria para contratar um serviço. Para este efeito, os motores de recomendação utilizam as informações da conta dos utilizadores registados, como o comportamento, as preferências, o perfil ou o historial de um utilizador, ou utilizam as classificações atribuídas a vários artigos ou serviços por diferentes utilizadores e, em seguida, encontram a semelhança entre eles para recomendar os artigos ou serviços aos utilizadores.

Para gerar recomendações em linha, é necessário reunir as informações necessárias sobre as preferências do utilizador para que as recomendações correspondam às expectativas reais do utilizador, ou seja, o sistema deve ser

capaz de recomendar de acordo com o que é realmente desejado pelo utilizador. Isto significa que a recomendação do sistema deve ser tão próxima quanto possível do artigo efetivamente desejado. Existem muitas formas de conhecer os gostos do utilizador, por exemplo, consultando o histórico anterior de artigos comprados pelo utilizador, a descrição dos artigos e dos utilizadores, consultando a classificação do artigo dada por diferentes utilizadores ou recolhendo o feedback do utilizador.

3.2 Tipos de sistemas de recomendação

Os sistemas de recomendação podem ser divididos em 3 classes diferentes com base nas técnicas utilizadas. Estas são:

1. Abordagem baseada no conteúdo
2. Abordagem de filtragem colaborativa
3. Abordagem híbrida

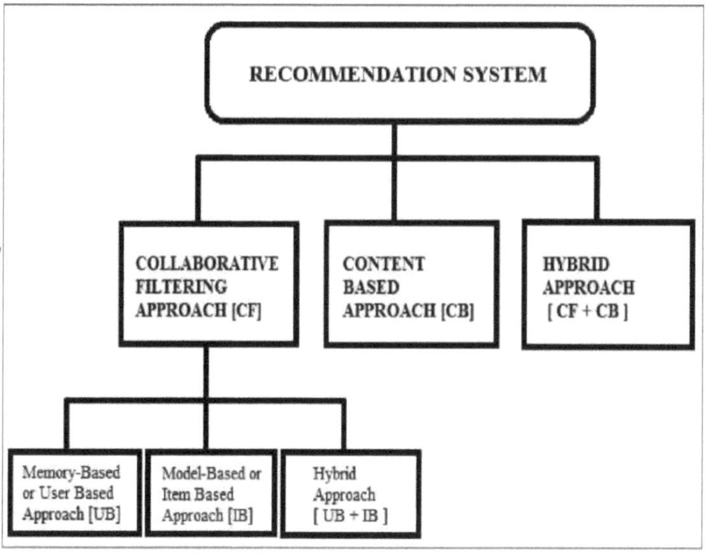

Fig 3.2.1 Tipos de sistemas de recomendação

3.2.1 Abordagem baseada no conteúdo

Como o nome sugere, esta abordagem baseia-se nos dados históricos dos utilizadores. Esta abordagem é utilizada para recomendar produtos ou serviços aos clientes que são quase idênticos aos que o utilizador esperava no passado. Para tal, é necessário estabelecer uma relação entre os produtos e as suas caraterísticas. É construída uma matriz e, em seguida, os produtos mais semelhantes ao produto-alvo são determinados utilizando várias funções matemáticas.

3.2.2 Abordagem de filtragem colaborativa

Esta abordagem é utilizada para recomendar produtos ou serviços aos clientes com base nas classificações atribuídas por diferentes clientes a diferentes produtos. Esta abordagem identifica clientes idênticos com a ajuda de classificações semelhantes dadas por eles a produtos ou serviços e, em seguida, são geradas recomendações de acordo com essas classificações. Isto significa que esta abordagem dá mais ênfase às opiniões dos clientes. Este método é considerado o mais vitorioso, bem aceite e amplamente utilizado nos sistemas de recomendação.

Tipos de filtragem colaborativa

A filtragem colaborativa pode ser dividida em dois grupos diferentes com base nas técnicas utilizadas. São eles:

1. Filtragem colaborativa baseada no utilizador ou abordagem baseada na memória
2. Filtragem colaborativa baseada em itens ou abordagem baseada em modelos

3.2.2.1 Filtragem colaborativa baseada no utilizador ou abordagem baseada na memória

Este tipo de filtragem colaborativa utiliza toda a base de dados cliente-produto para produzir as recomendações para os clientes. Nesta técnica, são identificados os clientes que forneceram classificações semelhantes para um grupo de produtos. Esta técnica utiliza geralmente o algoritmo K-Nearest Neighbour, mas a precisão do algoritmo K-Nearest Neighbor é reduzida devido à presença de ruído ou de outras caraterísticas irrelevantes. Apesar de ser uma técnica bem conhecida, sofre de problemas de escalabilidade e de escassez de dados.

3.2.2.2 Filtragem colaborativa baseada em itens ou abordagem baseada em modelos

Este tipo de filtragem colaborativa utiliza as classificações atribuídas aos serviços ou produtos para recomendar os serviços ou produtos aos clientes. Nesta técnica, os produtos são identificados com classificações comuns, fornecidas por um grupo de clientes. As técnicas de agrupamento são utilizadas principalmente nesta abordagem, que também lida com o problema da escassez de dados e fornece recomendações mais exactas.

3.2.3 Abordagem híbrida

Esta abordagem baseia-se na fusão entre o sistema de filtragem colaborativa e o sistema baseado em conteúdos. A técnica híbrida pode ser utilizada de várias formas, nomeadamente

1. Produzindo recomendações colaborativas e baseadas em conteúdos

individualmente e depois fundindo-as

2. Ao adicionar capacidades baseadas em conteúdos a uma abordagem baseada na colaboração (ou vice-versa)

3. Integrando as abordagens num único modelo.

Deste modo, o método híbrido pode fornecer recomendações mais precisas do que os métodos puros. O método híbrido também pode ser utilizado para lidar com alguns dos problemas habituais nos sistemas de recomendação, como a escassez de dados e o problema do arranque a frio.

3.3 Papel da extração de dados no sistema de recomendação

A extração de dados tem tido uma consideração notável no sector da informação, bem como na sociedade. Existe uma grande disponibilidade de um enorme volume de dados e é necessário transformá-los em informações e conhecimentos valiosos. Esta situação é designada por "dados abundantes mas informação ou conhecimento deficientes". Para lidar com esta situação, a extração de dados é um excelente mecanismo. Existem diferentes ferramentas úteis de extração de dados que efectuam a avaliação dos dados e revelam padrões de dados significativos, contribuindo grandemente para as estratégias empresariais e a investigação científica. A informação e o conhecimento obtidos podem ser utilizados para várias aplicações, desde a exploração do mercado, a identificação de fraudes e a detenção de clientes, até ao controlo da produção e à análise científica.

Assim, a prospeção de dados é utilizada em sistemas de recomendação, uma vez que o sistema de recomendação lida com um grande volume de dados disponíveis, quer se trate de dados de classificação ou de dados do historial anterior, e ajuda o utilizador a obter rapidamente os artigos desejados e, simultaneamente, ajuda as empresas a aumentar as vendas.

O papel da extração de dados como uma etapa do processo de descoberta de conhecimentos

Seleção

Esta é a primeira etapa de todo o processo que trata da seleção dos dados relevantes.

Pré-processamento

Esta é a etapa mais importante do processo, que trata da integração de dados de várias fontes heterogéneas e também da limpeza dos dados. Os dados integrados de diferentes fontes podem conter informações idênticas de diferentes fontes em diferentes formatos. Assim, a limpeza dos dados ajuda a remover o ruído, os valores atípicos e as inconsistências dos dados, bem como a preencher os valores em falta nos dados.

Transformação

Esta etapa trata da conversão dos dados numa forma adequada para a extração.

Extração de dados

Esta etapa ajuda a extrair padrões úteis e significativos dos dados.

Interpretação e avaliação de padrões

Esta etapa utiliza os padrões extraídos na etapa anterior e transforma-os em conhecimento, que ajuda na tomada de decisões.

Visualização de dados (representação do conhecimento) Esta é a etapa final de todo o processo, que trata da representação do conhecimento derivado, para que os analistas possam compreender melhor e mais profundamente os dados. Os analistas podem examinar estes padrões e tendências através de uma visualização de dados competente.

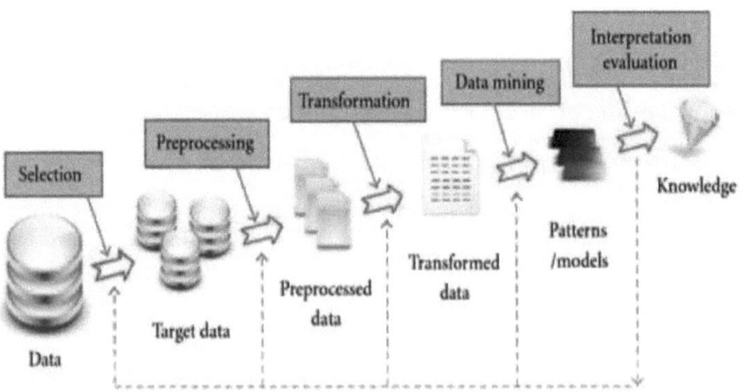

Fig 3.3.1 A extração de dados como uma etapa do processo de descoberta de conhecimentos

3.4 Aplicação do sistema de recomendação

Os sistemas de recomendação têm vastas aplicações, desde o comércio eletrónico ao entretenimento. No comércio eletrónico, os sistemas de recomendação são utilizados para recomendar aos clientes determinados artigos preferidos. Desta forma, as empresas lucram com o aumento das vendas e os clientes também beneficiam ao serem direcionados para os seus produtos, como livros, artigos electrónicos, produtos alimentares, mobiliário, vestuário, acessórios, etc. Para entretenimento, os sistemas de recomendação são utilizados para recomendar música e filmes aos utilizadores, de acordo com os seus gostos, a partir de uma enorme quantidade de dados disponíveis sobre música e filmes.

Os sistemas de recomendação são utilizados para recomendar trabalhos de investigação, jornais, documentos, páginas Web, etc. Os sistemas de recomendação também nos ajudam a recomendar serviços como o serviço de matchmaking, Reddit, recomendações de hotéis ou viagens, YouTube, recomendações de emprego, Last.fm, etc. Muitos dos sistemas comerciais utilizam motores de recomendação híbridos, como a Amazon. Alguns motores de recomendação produzem recomendações mais personalizadas através da análise de detalhes da atividade passada de um utilizador específico ou do histórico de outros utilizadores que se considera terem gostos semelhantes aos de um determinado utilizador. Além disso, os sistemas de recomendação são utilizados para recomendar informações interessantes ou populares que são avaliadas pela comunidade.

3.5 Sistema de recomendação de filmes

No tempo livre, os filmes são a fonte básica de entretenimento. Um filme refresca-nos e relaxa a nossa mente. Ajuda a recuperar a energia para o trabalho. A escolha dos filmes depende muito da pessoa. Existem diferentes tipos de filmes e cada um tem o seu próprio elenco, realizador, género, etc. Torna-se muito difícil procurar os filmes preferidos entre um grande número de tipos de filmes diferentes. Além disso, os dados diários sobre filmes estão a aumentar online, o que exige muito tempo precioso para encontrar um filme preferido. O sistema de recomendação de filmes existe para resolver este problema, uma vez que ajuda a direcionar-nos para o nosso filme preferido, quer utilizando o nosso histórico anterior, quer utilizando a nossa informação de classificação. Isto também poupa tempo ao utilizador na procura de filmes. A qualidade da previsão do sistema de recomendação de filmes aumenta à medida que mais e mais filmes são classificados. Assim, os sistemas de recomendação de filmes provaram o seu valor.

3.6 Vantagens do sistema de recomendação de filmes

A primeira e principal vantagem de um sistema de recomendação de filmes é que se baseia sobretudo na conduta do utilizador, pelo que é fácil tomar uma decisão direta. O sistema de recomendação de filmes recorda-nos os filmes que vimos e de que gostámos anteriormente, o que gera excelentes recomendações com base no histórico do utilizador. Com a ajuda dos dados de classificação, o sistema de recomendação de filmes também tem em conta os pontos de vista e as opiniões de outras pessoas, criando assim uma relação com o utilizador. A consideração do ponto de vista de outra pessoa ajuda a obter recomendações de filmes diferentes dos filmes vistos no passado. Os sistemas de recomendação de filmes também ajudam a gerar recomendações de filmes personalizadas. O sistema de recomendação de filmes é atualizado quando um novo filme recebe uma classificação elevada e começa a recomendar também esse filme.

3.7 Resumo do capítulo

Este capítulo aborda o estudo exaustivo dos sistemas de recomendação, os seus diferentes tipos de abordagens e os sistemas de recomendação de filmes. Para além disso, são também descritos alguns conceitos básicos para a implementação da abordagem proposta, o que ajuda a melhorar o sistema de base para obter resultados frutuosos.

Capítulo - 4

Identificação do problema e metodologia

4.1 Desafios

Existem diferentes tipos de sistemas de recomendação de filmes que têm as suas próprias vantagens e desvantagens. Estas desvantagens tornam-se obstáculos no caminho dos sistemas de recomendação de filmes. Assim, para melhorar o funcionamento do sistema de recomendação de filmes, é necessário identificar esses problemas e encontrar soluções possíveis para os resolver. Alguns problemas das abordagens puras podem ser resolvidos através da sua fusão numa abordagem híbrida.

4.2 Abordagem colaborativa

Os vários problemas associados à abordagem puramente colaborativa são explicados da seguinte forma [9]:

Problema de arranque a frio

Os sistemas de filtragem colaborativa não podem produzir recomendações se não existirem classificações disponíveis para um filme. Revelam uma fraca precisão quando existem poucos dados sobre as classificações dos utilizadores. Este problema é designado por problema de arranque a frio.

Escalabilidade

Os dados de filmes e os utilizadores estão a aumentar de dia para dia e a filtragem colaborativa para grandes conjuntos de dados é fraca, ou seja, ocorre um problema de escalabilidade.

Problema dos ovinos cinzentos

Outro problema nos sistemas de filtragem colaborativa é conhecido como "ovelha cinzenta", o que significa que alguns clientes não concordam nem discordam de nenhum grupo de clientes e, por essa razão, esses clientes não tiram partido da filtragem colaborativa.

Ataque de xelim

Trata-se de uma situação em que alguns utilizadores atribuem classificações falsas a filmes ou, por outro lado, as pessoas podem atribuir classificações positivas aos seus próprios filmes e classificações negativas aos filmes dos seus concorrentes. Devem ser tomadas algumas precauções para lidar com este problema.

Tempo de computação

A maior parte dos sistemas de filtragem colaborativa existentes funciona lentamente com uma grande quantidade de filmes e dados de utilizadores. Várias técnicas, como agrupamento e paralelização, foram desenvolvidas para superar esse problema.

Sem consciência do conteúdo

Os sistemas de filtragem colaborativa não têm consciência do conteúdo, o que significa que as informações sobre os filmes não são consideradas quando geram recomendações.

Esparsidade dos dados

Os sistemas de recomendação de filmes funcionam com um grande número de filmes e utilizadores, em que os dados dos filmes e dos utilizadores podem ser inexistentes, esparsos, erróneos ou maliciosos. Devido à escassez de dados, existe um menor número de filmes com classificação semelhante ou não existem filmes semelhantes entre os utilizadores, o que resulta em informações de semelhança falsas e, consequentemente, numa fraca qualidade de recomendação de filmes.

A variedade e a cauda alargada

Uma vez que a abordagem de filtragem colaborativa recomenda filmes utilizando classificações anteriores, neste caso, alguns filmes com dados históricos deficientes não serão recomendados. Isto significa que serão considerados principalmente os filmes que já são populares.

Sinonímia

O sistema de filtragem colaborativa também sofre do problema da sinonímia, ou seja, se houver duas palavras diferentes na sua ortografia mas com o mesmo significado, o sistema de filtragem colaborativa puro identificá-las-á como duas palavras independentes e não encontrará semelhanças entre elas. Se houver produtos semelhantes com diferenças no nome ou nas entradas, o sistema considerará esses produtos como produtos independentes. Por exemplo, filmes para crianças e filmes para crianças têm o mesmo significado, mas diferem na ortografia, pelo que a abordagem colaborativa pura não encontrará semelhanças entre eles, uma vez que os tratará como palavras independentes.

4.3 Abordagem baseada no conteúdo

Os vários problemas associados à abordagem puramente baseada no conteúdo são explicados da seguinte forma [9]:

Âmbito de aplicação limitado

A recomendação de um sistema de filtragem baseado em conteúdos tem um âmbito finito. Neste caso, podemos representar dois filmes diferentes com o mesmo conjunto de atributos, pelo que não podem ser diferenciados.

Serendipidade

No sistema de filtragem baseado no conteúdo, não existe um produto serendipitoso, ou seja, a serendipidade é a capacidade do sistema de fornecer um produto surpreendentemente interessante para um cliente, mas não esperado por este. Por exemplo, se for recomendado ao cliente um filme do mesmo género, o cliente pode já conhecer o filme e, por isso, não ficar surpreendido. A recomendação seria casual se o sistema recomendasse outro filme de outro tipo e este parecesse inesperadamente interessante para o utilizador.

O sistema de filtragem baseado no conteúdo não pode filtrar filmes com base numa avaliação da qualidade, do estilo ou do ponto de vista, porque não tem em conta a experiência de outras pessoas e também porque não há recomendações pessoais.

Máquina Atributos reconhecíveis

Um sistema de filtragem baseado no conteúdo requer que os produtos e os seus atributos sejam reconhecíveis por máquina.

4.4 Outras questões [9]

Outros problemas incluem a computação da semelhança entre os diferentes filmes no conjunto de dados dado no menor tempo e de forma eficiente. Outro problema é melhorar a qualidade das recomendações de filmes, bem como do sistema de recomendação de filmes. A qualidade de um sistema de recomendação de filmes inclui a recordação, a precisão, a medida-f, a cobertura, o erro absoluto médio e a exatidão [1].

4.5 Método existente [1]

A figura 4.5.1 mostra o diagrama da abordagem existente, que é uma abordagem de colaboração com algoritmo genético. A abordagem existente é uma abordagem colaborativa pura que utiliza o algoritmo de agrupamento fuzzy c-means para a formação de grupos. Uma vez que a abordagem existente se baseia numa abordagem puramente colaborativa, que se baseia exclusivamente nas classificações atribuídas aos filmes, esta abordagem sofre de vários problemas de abordagem puramente colaborativa, como o problema do arranque a frio, etc. A abordagem existente também sofre do problema do aumento do tempo de computação.

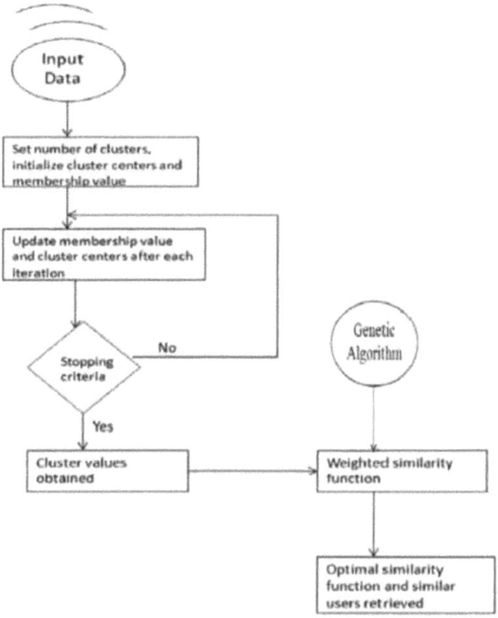

Fig 4.5.1 Abordagem existente - Abordagem Colaborativa com Algoritmo Genético

4.6 Resumo do capítulo

Este capítulo identifica alguns dos obstáculos que se estão a tornar obstáculos no caminho dos sistemas de recomendação. Este capítulo é importante na medida em que ajuda a reconhecer as possibilidades de melhoria.

Capítulo - 5

Solução proposta

5.1 Abordagem proposta

Utilizamos uma abordagem híbrida [21], unificando a filtragem baseada no conteúdo e a filtragem colaborativa, de modo a que as abordagens possam beneficiar umas das outras. A solução proposta destina-se a melhorar a precisão, a escalabilidade e a qualidade do sistema de recomendação de filmes. Para calcular a semelhança entre os diferentes filmes no conjunto de dados dado, de forma eficiente e no menor tempo possível, e para reduzir o tempo de cálculo do motor de recomendação de filmes, utilizámos a medida de semelhança de cosseno [27]. Para a classificação, é utilizado um algoritmo simples de máquina de vectores de apoio [26]. Trata-se de um algoritmo iterativo. Para o agrupamento, é utilizado o algoritmo de agrupamento k-means e o algoritmo genético é aplicado para otimização [17].

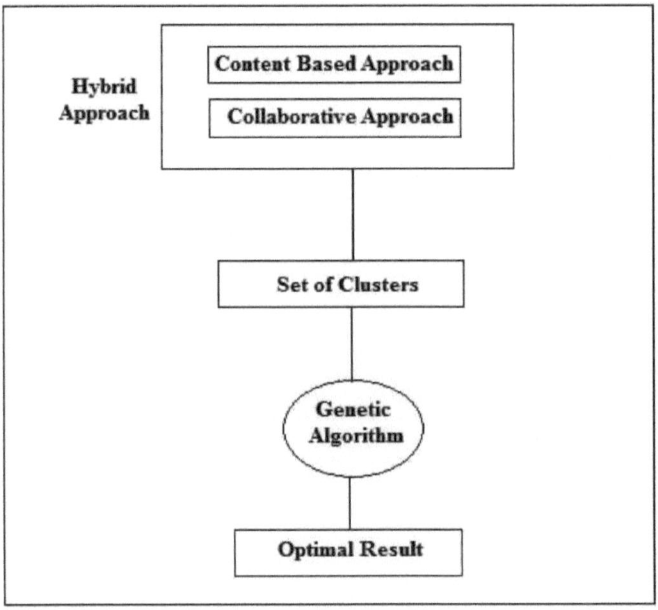

Fig 5.1.1 Abordagem híbrida com algoritmo genético

Medida de semelhança do cosseno [27]

A semelhança do cosseno de dois vectores é uma medida que calcula o cosseno do ângulo entre eles [27]. Esta métrica mede a orientação e não a magnitude. A fórmula de similaridade do cosseno é dada como

$$\vec{a} \cdot \vec{b} = \|\vec{a}\| \|\vec{b}\| \cos \theta$$

$$\cos \theta = \frac{\vec{a} \cdot \vec{b}}{\|\vec{a}\| \|\vec{b}\|}$$

Algoritmo de agrupamento K-Means [17]

Neste algoritmo, na entrada são dados os números de clusters e as caraterísticas dos atributos dos itens. Para esta entrada, obtemos uma saída como um conjunto de clusters que reduz o erro quadrático. Além disso, são representadas as probabilidades de cada filme pertencer a cada centro de agrupamento. Em seguida, são selecionados arbitrariamente alguns objectos como centros de agrupamento iniciais. Com base no valor médio dos objectos, cada objeto é reatribuído ao agrupamento mais adequado. Em seguida, as médias dos agrupamentos são actualizadas e é calculada a possibilidade entre os objectos e cada centro de agrupamento. Este processo é repetido até que todos os centróides deixem de se alterar.

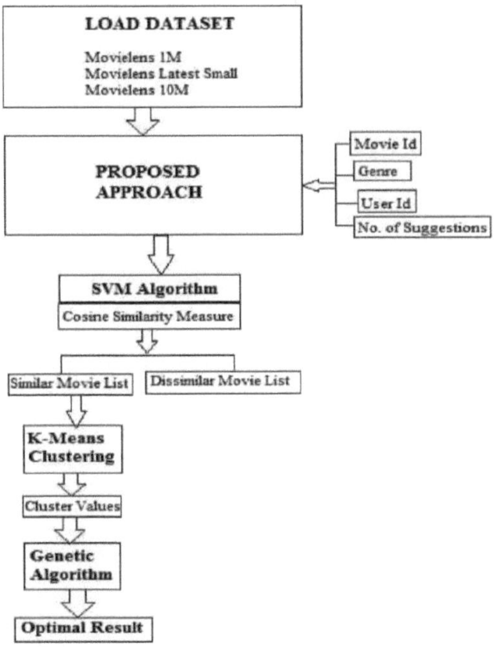

Fig 5.1.2 Diagrama de fluxo da abordagem proposta

A figura 5.1.2 mostra o diagrama de fluxo da abordagem proposta. O primeiro passo é carregar o conjunto de dados. Podemos selecionar qualquer um dos conjuntos de dados entre os três conjuntos de dados de lentes de filmes de diferentes dimensões. Em seguida, na abordagem proposta, fornecemos entradas selecionando o Movie Id, o Genre e o User Id da lista. Além disso, fornecemos o número de sugestões de filmes que são necessárias

por nós. Um algoritmo simples de máquina de vectores de apoio classifica a lista de filmes em lista de filmes semelhantes e lista de filmes diferentes com base nos valores de semelhança de cosseno. O algoritmo de agrupamento K-means ajuda a criar os agrupamentos da lista de filmes semelhantes, aos quais se aplica o algoritmo genético para obter os melhores resultados e as melhores recomendações de filmes.

5.2 Algoritmo proposto

O algoritmo proposto pode ser dado como:

Carregar conjunto de dados

Entrada: Id do filme, Género, Id do utilizador, Número de sugestões

Saída: Recomendações de filmes

Calcular a semelhança do cosseno

Encontrar o par de pontos mais próximo

Adicionando um ponto ao conjunto de vetores de suporte

Poda

As regiões são classificadas por SVM

Obtenção de informações sobre os vectores de apoio Escolha um número de clusters k

Inicializar centros de cluster

Para cada ponto de dados, calcular o centro do cluster de que está mais próximo e atribuir o ponto de dados a esse centro

Aglomerado

Recalcular os centros dos clusters (média dos pontos de dados no cluster)

Parar quando não houver novas reatribuições.

Refinamento baseado em AG

Construir a população inicial

Avaliação da aptidão física

Geração de nova população

Seleção de dois cromossomas progenitores adequados

Cruzamento dos melhores cromossomas parentais

Mutação

A nova criança gerada deve ser atribuída à nova população.

A população recém-gerada deve ser utilizada para a execução posterior do algoritmo.

Repetir o algoritmo até atingir a condição de conclusão.

Devolve a solução óptima na população atual depois de a condição final ser satisfeita e é interrompida.

5.3 Conjunto de dados

Nesta secção são descritos os detalhes dos conjuntos de dados utilizados no projeto. Utilizámos três conjuntos de dados de lentes de cinema de diferentes dimensões para aplicar as abordagens. Estes são:

1. Conjunto de dados Movie Lens 1M: Este conjunto de dados contém 1.000.209 classificações de 3.900 filmes feitas aproximadamente por 6.040 utilizadores do Movie Lens, que aderiram ao Movie Lens em 2000.

2. Conjunto de dados pequenos mais recentes do Movie Lens: Este conjunto de dados contém 100004 classificações de 9125 filmes feitas por 671 utilizadores e o conjunto de dados foi gerado em 17 de outubro de 2016.

3. Conjunto de dados Movie Lens 10M: Este conjunto de dados contém 10000054 classificações de 10681 filmes feitas por 71567 utilizadores.

Caraterísticas do conjunto de dados de lentes de cinema

1. As classificações são atribuídas de 1 a 5 (1 significa muito mau, 5 significa muito bom).

2. Cada utilizador classificou pelo menos 20 filmes.

3. São fornecidas informações simples sobre os utilizadores (idade, sexo, profissão).

5.4 Implementação

Esta secção descreve os pormenores de implementação do projeto. A solução proposta é implementada na plataforma Java (linguagem Java) utilizando o Net Beans IDE e a aplicação Java Swing. O gráfico para a análise dos resultados é traçado utilizando a API (Interface de programação de aplicações) JFree Chart.

5.4.1 Java

Java foi originalmente desenvolvida por James Gosling na Sun Microsystems. É uma linguagem de fonte aberta, de uso geral, concorrente, fortemente tipada, orientada para objectos e baseada em classes. A linguagem deriva grande parte da sua sintaxe do C e do C++, mas tem também menos recursos de baixo nível.

5.4.2 Aplicação Java Swing

O Swing é um conjunto de ferramentas de widgets GUI para Java que proporciona um aspeto e uma sensação nativos. Faz parte do Java Foundation Classes (JFC) da Oracle - uma API para fornecer uma interface gráfica de utilizador para programas Java. O Swing fornece um conjunto mais sofisticado de componentes GUI, tais como painel com separadores, painéis de deslocamento, árvores, tabelas e listas, do que o anterior Abstract Window Toolkit (AWT). Os componentes Swing são escritos inteiramente em Java e, por conseguinte, são independentes da plataforma.

5.4.3 API do gráfico JFree

O JFree Chart é uma biblioteca de gráficos gratuita para Java que pode gerar uma grande variedade de gráficos para utilização em aplicações cliente (Swing) e servidor (Web).

5.4.4 IDE do Net Beans

O Net Beans IDE é um ambiente de desenvolvimento integrado de código aberto e multiplataforma que suporta o desenvolvimento de todas as aplicações Java, incluindo aplicações Java SE, Java ME, Web, EJB e móveis. O IDE Net Beans também suporta outras linguagens, em particular PHP, C/C++ e HTML5 e é executado no Microsoft Windows, Mac OS X, Linux, Solaris e outras plataformas que suportam uma JVM compatível.

5.4.5 Capturas de ecrã

A Fig. 5.4.5.1 mostra o carregamento do conjunto de dados Movie Lens 1M. Neste caso, estamos a aplicar a abordagem proposta em três conjuntos de dados Movie Lens de tamanhos diferentes. Assim, de entre os três conjuntos de dados, podemos carregar qualquer um deles. A Fig. 5.4.5.2 e a Fig. 5.4.5.3 mostram os resultados, ou seja, as recomendações de filmes, que são fornecidas quando o processamento é efectuado na abordagem colaborativa pura e na abordagem baseada em conteúdo puro, respetivamente, para o conjunto de dados Movie Lens 1M. A figura 5.4.5.4 mostra os resultados, ou seja, as recomendações de filmes, que são fornecidas quando o processamento é efectuado com a abordagem proposta para o conjunto de dados Movie Lens 1M. A Fig. 5.4.5.5 mostra os parâmetros de avaliação do desempenho que são utilizados para a análise comparativa. São traçados gráficos para todos os parâmetros de avaliação do desempenho para obter resultados comparativos que são apresentados no capítulo seguinte.

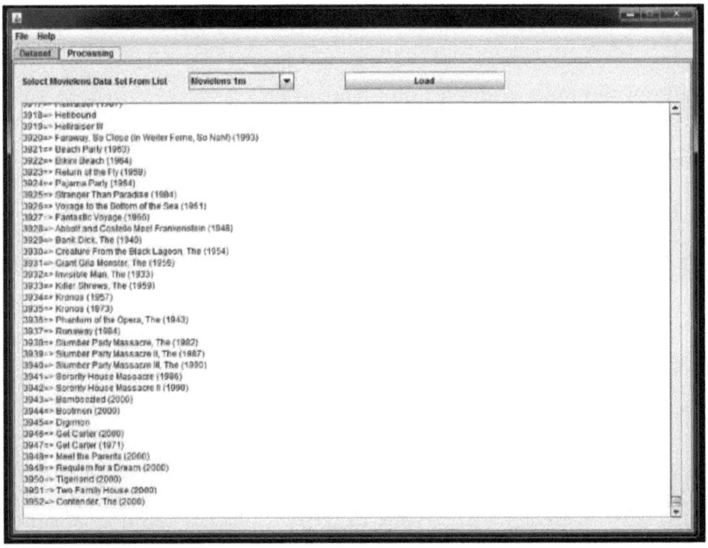

Fig 5.4.5.1 Conjunto de dados de carga

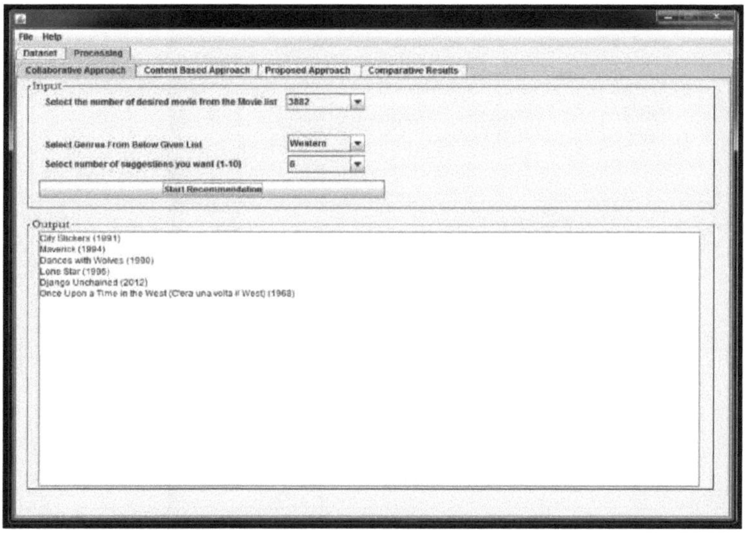

Fig 5.4.5.2 Abordagem colaborativa

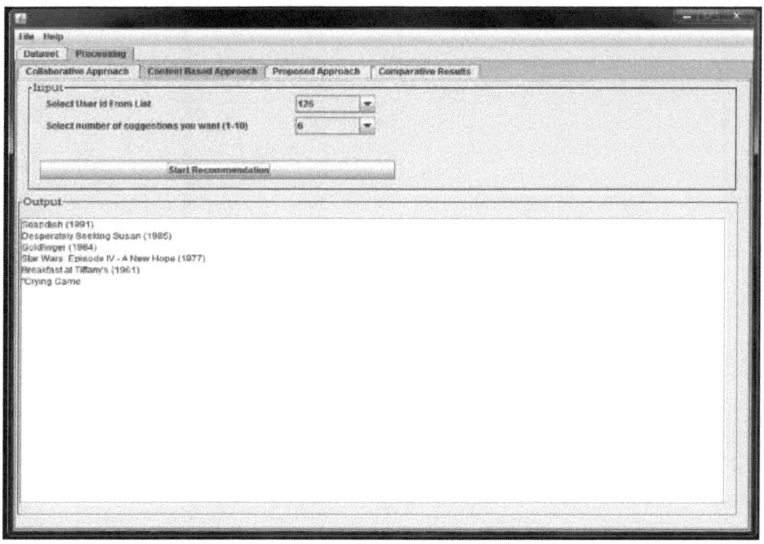

Fig 5.4.5.3 Abordagem baseada no conteúdo

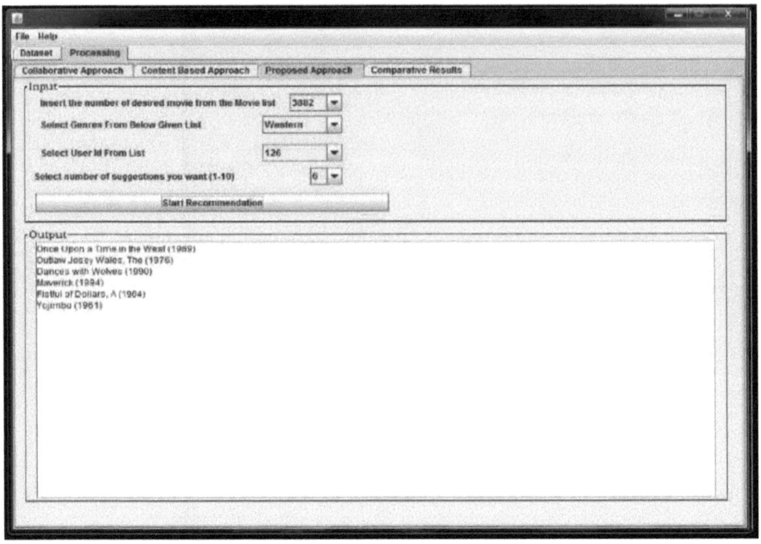

Fig 5.4.5.4 Abordagem proposta

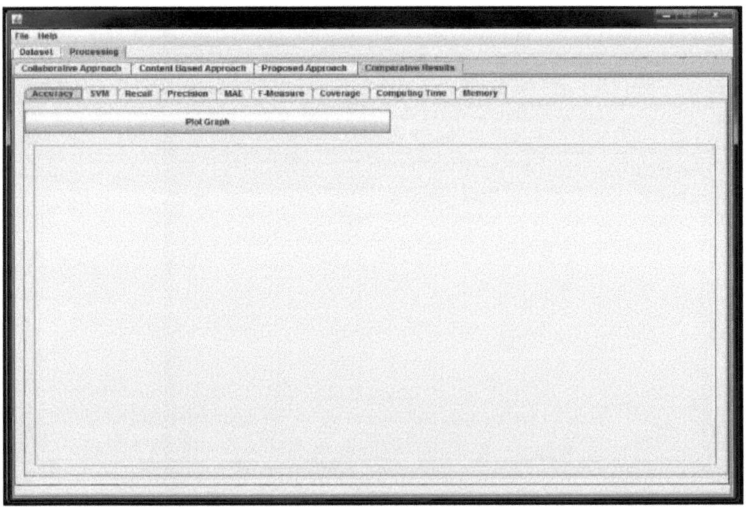

Fig 5.4.5.5 Parâmetros de avaliação do desempenho

5.5 Resumo do capítulo

Este capítulo fornece uma compreensão profunda da solução proposta. Após a apresentação da metodologia proposta e do diagrama do sistema, é finalmente apresentado o conceito proposto utilizando os passos algorítmicos adequados. Este capítulo descreve também os conjuntos de dados em que a abordagem proposta foi aplicada e testada. Este modelo é posteriormente implementado e o seu estudo comparativo de desempenho é apresentado.

Capítulo - 6

Análise de resultados

A implementação da abordagem proposta é descrita no capítulo anterior. Este capítulo fornece informações pormenorizadas sobre a avaliação experimental e o cálculo do desempenho. Por conseguinte, os parâmetros essenciais utilizados para a avaliação são enumerados com as respectivas observações.

6.1 Conjunto de dados de 1M de lentes de cinema

Os resultados são apresentados para 10 iterações quando o conjunto de dados Movie Lens 1M é carregado.

6.1.1 Qualidade

As medidas de qualidade típicas, tais como o erro absoluto médio, a precisão, a recordação, a medida-f e a cobertura, são utilizadas para analisar a qualidade [1] do sistema de recomendação de filmes que propomos e os resultados serão comparados com os resultados do sistema de recomendação de filmes baseado em conteúdos puros ou em filtragem colaborativa, que também foram implementados por nós.

6.1.1.1 Erro Absoluto Médio

O erro médio absoluto (MAE) refere-se à variação média da classificação prevista em relação à classificação real. É calculado utilizando a seguinte fórmula dada pela equação (6.1.1.1.1). A figura 6.1.1.1.1 e a tabela 6.1.1.1.1 mostram o gráfico e os valores do erro médio absoluto, respetivamente.

$$MAE = \frac{1}{n}\sum_{i=1}^{n} abs(x_i - \bar{x}) \quad \text{— Eqn (6.1.1.1.1)}$$

xi = Classificação prevista

x = Classificação verdadeira

n= Número total de classificações abs = Valor absoluto

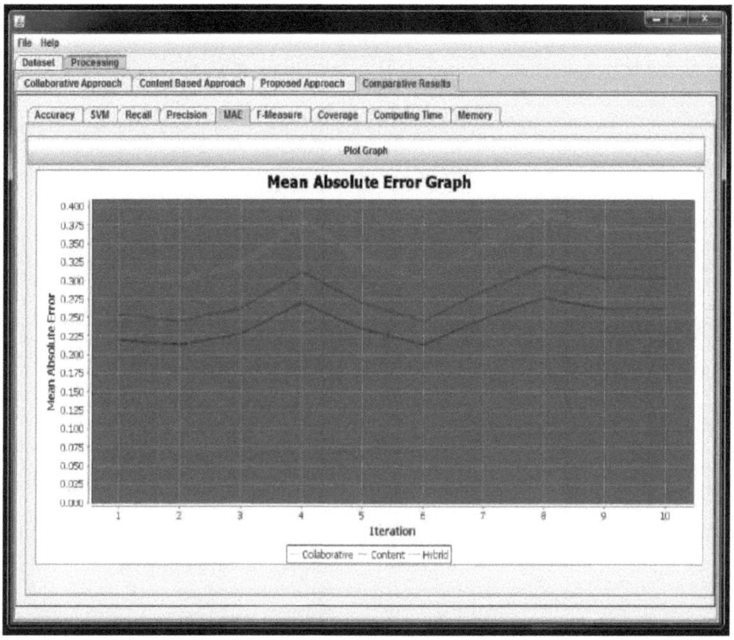

Fig 6.1.1.1.1 Erro Absoluto Médio

Tabela 6.1.1.1.1 Erro Absoluto Médio

Iterações	MAE (Proposta RS)	MAE (Existente Colaborativo RS)	MAE (Existente Baseado no conteúdo RS)
1	0.22	0.31	0.254
2	0.213	0.3	0.246
3	0.227	0.32	0.262
4	0.27	0.38	0.312
5	0.234	0.33	0.271
6	0.213	0.3	0.246
7	0.248	0.35	0.287
8	0.277	0.39	0.32
9	0.263	0.37	0.303
10	0.263	0.37	0.303

6.1.1.2 Cobertura

A cobertura refere-se ao domínio dos filmes sobre os quais o sistema pode fazer recomendações. É calculada utilizando a seguinte fórmula dada pela equação (6.1.1.2.1). A figura 6.1.1.2.1 e a tabela 6.1.1.2.1 mostram o gráfico e os valores da cobertura, respetivamente.

$$\text{Coverage} = \frac{|Sr|}{|Sa|} \quad \text{—— Eqn (6.1.1.2.1)}$$

Sr = conjunto de filmes que podem ser recomendados a um utilizador durante uma sessão de recomendação específica

Sa = conjunto de todos os filmes disponíveis

Os sistemas de recomendação de filmes são capazes de fazer recomendações para filmes que tenham mais do que um número fixo de classificações (min) atribuídas. Nesse caso,

Sr pode ser considerado como o conjunto de filmes para os quais o número de classificações disponíveis excede o mínimo.

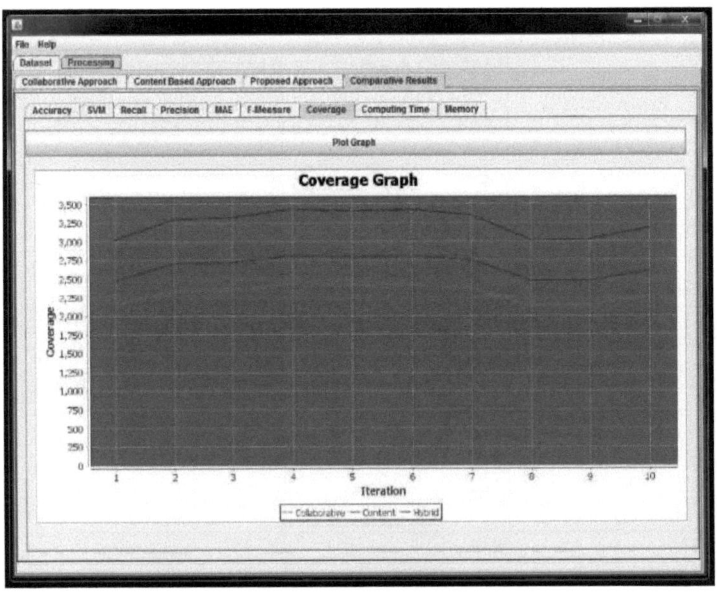

Fig. 6.1.1.2.1 Cobertura

Quadro 6.1.1.2.1 Cobertura

Iterações	**Cobertura (Proposta RS)**	**Cobertura (Existente Colaborativo RS)**	**Cobertura (Existente Baseado no conteúdo RS)**
1	3025	2147	2480
2	3301	2343	2706
3	3317	2355	2719
4	3430	2435	2812
5	3403	2416	2790
6	3424	2431	2807
7	3353	2380	2749
8	3017	2142	2473
9	3024	2147	2479
10	3184	2260	2610

6.1.1.3 Recuperação

A recuperação refere-se à proporção de boas recomendações de filmes que aparecem nas principais recomendações. A recuperação é a proporção do número de filmes relevantes recuperados em relação ao número total de filmes relevantes. É calculada utilizando a seguinte fórmula dada pela equação (6.1.1.3.1) e pela equação (6.1.1.3.2). A figura 6.1.1.3.1 e a tabela 6.1.1.3.1 mostram o gráfico de recuperação e os valores, respetivamente.

$$\text{Recall} = \frac{\text{Number of Relevant Documents Retrieved}}{\text{Total Number of Relevant Documents}} \quad \text{— Eqn(6.1.1.3.1)}$$

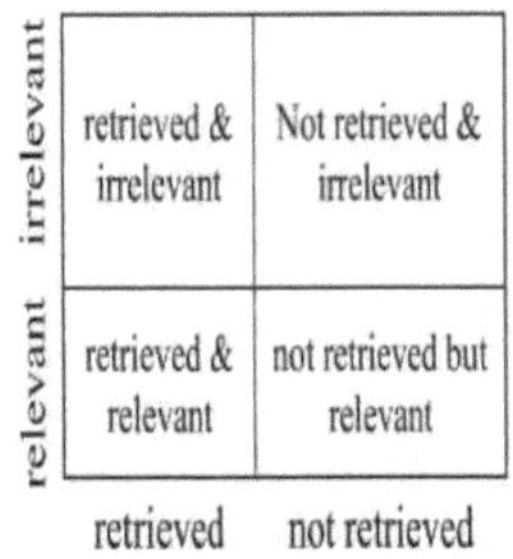

——Eqn (6.1.1.3.2)

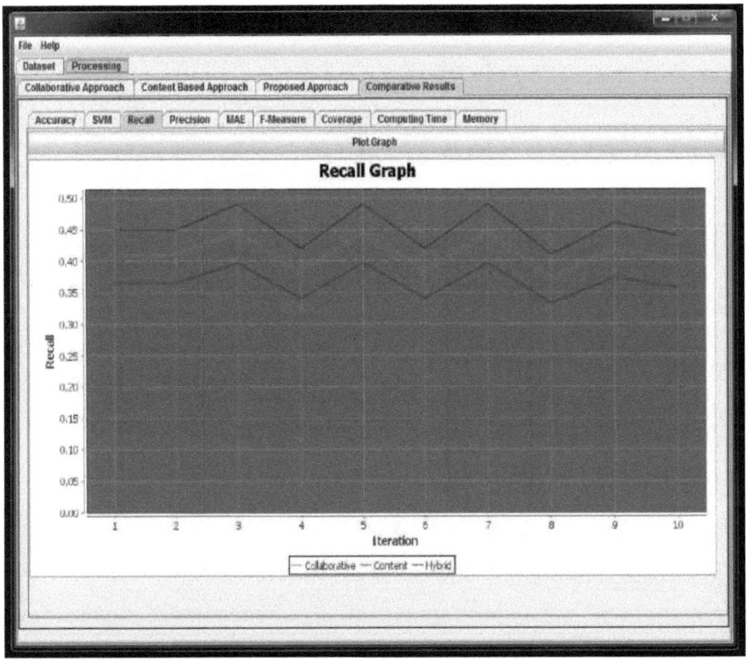

Fig 6.1.1.3.1 Recuperação

Quadro 6.1.1.3.1 Recuperação

Iterações	**Recuperação (Proposta RS)**	**Recall (Existente Colaborativo RS)**	**Recordação (RS baseada no conteúdo existente)**
1	0.45	0.41	0.365
2	0.45	0.41	0.365

3	0.49	0.446	0.397
4	0.42	0.382	0.34
5	0.49	0.446	0.397
6	0.42	0.382	0.34
7	0.49	0.446	0.397
8	0.41	0.373	0.332
9	0.46	0.419	0.373
10	0.44	0.4	0.356

6.1.1.4 Precisão

A precisão refere-se à proporção de recomendações de filmes que são boas recomendações. A precisão é a proporção do número de filmes relevantes recuperados em relação ao número total de filmes recuperados. É calculada utilizando a seguinte fórmula dada pela equação (6.1.1.4.1). A figura 6.1.1.4.1 e a tabela 6.1.1.4.1 mostram o gráfico e os valores da precisão, respetivamente.

$$\text{Precision} = \frac{\text{Number of Relevant Documents Retrieved}}{\text{Total Number of Documents Retrieved}}$$

Eqn (6.1.1.4.1)

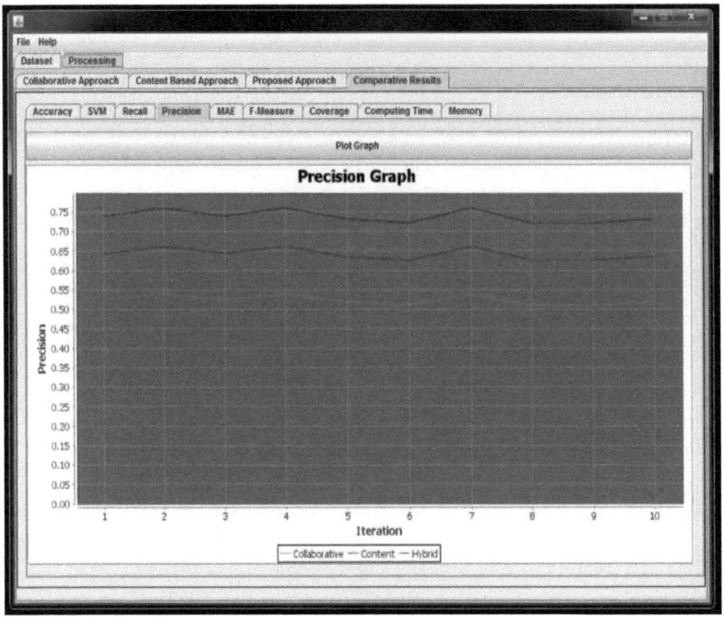

Fig. 6.1.1.4.1 Precisão

Quadro 6.1.1.4.1 Precisão

Iterações	Precisão (Proposta RS)	Precisão (Existente Colaborativo RS)	Precisão (Existente Baseado em conteúdos RS)
1	0.74	0.525	0.644
2	0.76	0.54	0.661
3	0.74	0.525	0.644
4	0.76	0.54	0.661
5	0.73	0.518	0.635
6	0.72	0.511	0.626
7	0.76	0.54	0.661
8	0.72	0.511	0.626
9	0.72	0.511	0.626

10	0.73	0.518	0.635

6.1.1.5 Medida F

A medida F refere-se à média harmónica da precisão e da recuperação. A precisão e a recuperação são utilizadas conjuntamente para fornecer uma única métrica para o sistema. É calculada utilizando a seguinte fórmula dada pela equação (6.1.1.5.1). A figura 6.1.1.5.1 e a tabela 6.1.1.5.1 mostram o gráfico e os valores da f-measure, respetivamente.

$$\text{F- Measure} = \frac{2^* \text{ Precision }^*\text{Recall}}{\text{Precision} + \text{Recall}}$$ Eqn (6.1.1.5.1)

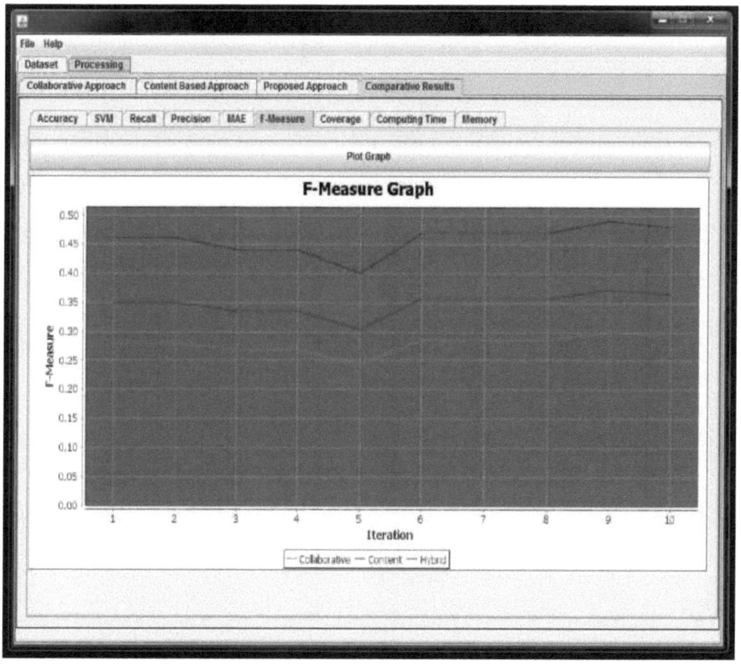

Fig 6.1.1.5.1 Medida F

Quadro 6.1.1.5.1 Medida F

Iterações	**Medida-F**	**F-Measure (RS**	**F-Measure (RS baseado em conteúdo**

	(Proposta de RS)	colaborativo existente)	existente)
1	0.46	0.281	0.35
2	0.46	0.281	0.35
3	0.44	0.268	0.334
4	0.44	0.268	0.334
5	0.4	0.244	0.304
6	0.47	0.287	0.357
7	0.47	0.287	0.357
8	0.47	0.287	0.357
9	0.49	0.299	0.372
10	0.48	0.293	0.365

1.1.2 Exatidão

A exatidão refere-se ao grau em que o resultado de um cálculo ou medição corresponde ao valor exato ou a uma norma. A exatidão é a proporção de filmes classificados corretamente como filmes relevantes/ irrelevantes. É calculada utilizando a seguinte fórmula dada pela equação (6.1.2.1). A figura 6.1.2.1 e a tabela 6.1.2.1 mostram o gráfico e os valores da precisão, respetivamente.

$$\text{Accuracy} = \frac{\text{Number of movies Correctly classified}}{\text{Total number of Movies}} \quad \text{Eqn (6.1.2.1)}$$

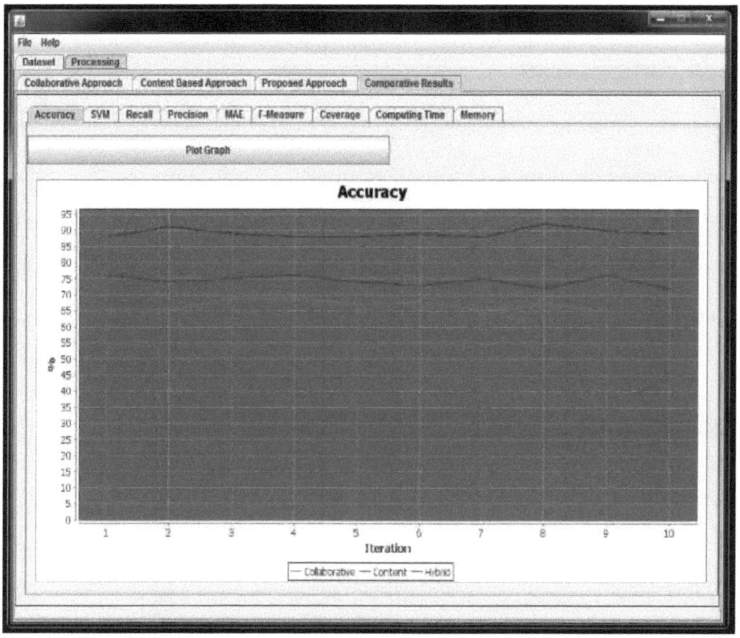

Fig 6.1.2.1 Exatidão

Quadro 6.1.2.1 Exatidão

Iterações	**Exatidão (Proposta RS)**	**Precisão (RS colaborativa existente)**	**Exatidão (Existente Baseado em conteúdos RS)**
1	88	65	76
2	91	65	74
3	89	69	75
4	88	69	76
5	88	67	74
6	89	68	73
7	88	65	75
8	92	67	72
9	90	65	76

10	89	65	72

1.1.3 Tempo de computação

O tempo de computação refere-se ao tempo exigido por um determinado algoritmo para fornecer recomendações de filmes. O tempo estimado é dado aqui em termos de ms (milissegundos). É calculado utilizando a seguinte fórmula dada pela equação (6.1.3.1). A figura 6.1.3.1 e a tabela 6.1.3.1 mostram o gráfico e os valores do tempo de cálculo, respetivamente.

Consumo de tempo = Tempo final do algoritmo - Tempo inicial do algoritmo Eqn (6.1.3.1)

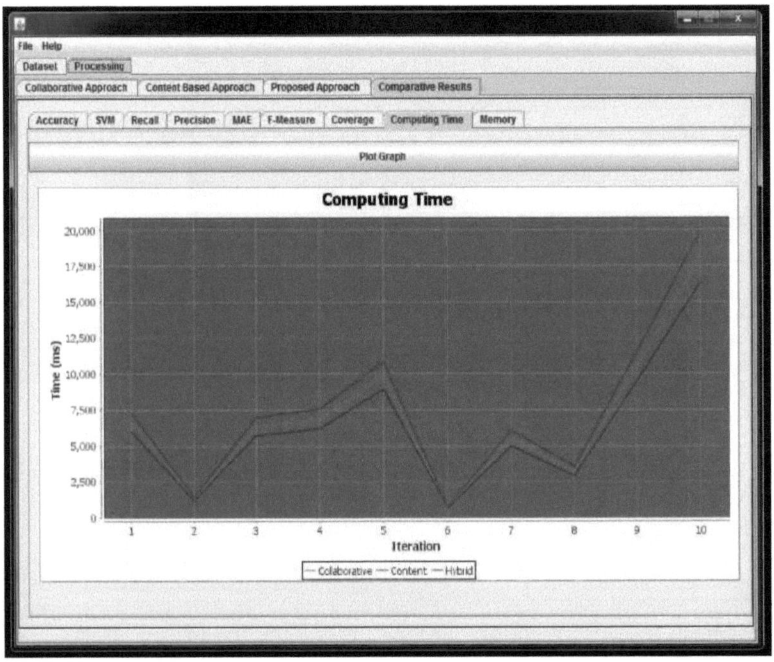

Fig 6.1.3.1 Tempo de computação

Tabela 6.1.3.1 Tempo de computação

Iterações	Tempo de computação (RS proposto)	Tempo de computação (RS colaborativa existente)	Tempo de computação (RS baseado em conteúdo existente)

1	5975	6632	7289
2	1139	1264	1389
3	5695	6321	6947
4	6178	6857	7537
5	8892	9870	10848
6	624	692	761
7	4977	5524	6071
8	2886	3203	3520
9	9438	10476	11514
10	16302	18095	19888

1.1.4 Memória

A memória refere-se à quantidade total de memória principal do computador requerida por um algoritmo para completar a sua execução. A memória é aqui indicada em termos de Kb (kilobytes). É calculada utilizando a seguinte fórmula dada pela equação (6.1.4.1). A figura 6.1.4.1 e a tabela 6.1.4.1 mostram o gráfico e os valores da memória, respetivamente.

Memória consumida = Memória total - Memória livre Eqn (6.1.4.1)

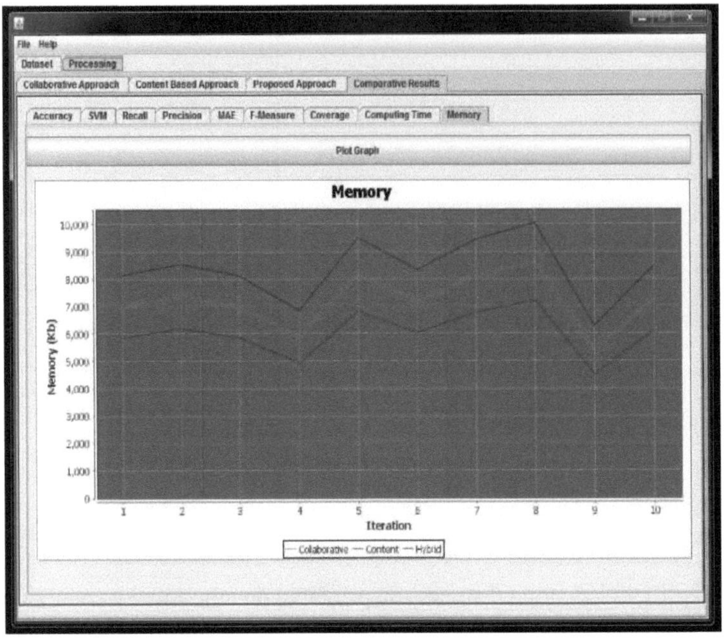

Fig 6.1.4.1 Memória

Quadro 6.1.4.1 Memória

Iterações	Memória (Proposta de RS)	Memória (RS Colaborativa Existente)	Memória (Existente Baseado em conteúdos RS)
1	8155	7013	5871
2	8549	7352	6155
3	8117	6980	5844
4	6856	5896	4936
5	9496	8166	6837
6	8342	7174	6006
7	9438	8116	6795
8	10040	8634	7228
9	6268	5390	4512

10	8488	7299	6111

6.2 Conjunto de dados pequeno mais recente da Movie Lens

Os resultados são apresentados para 10 iterações quando o Movie Lens Latest Small Dataset é carregado.

6.2.1 Qualidade

O gráfico das medidas de qualidade é apresentado para 10 iterações quando o Movie Lens Latest Small Dataset é carregado.

6.2.1.1 Erro Absoluto Médio

A figura 6.2.1.1.1 e a tabela 6.2.1.1.1 mostram o gráfico e os valores do erro médio absoluto, respetivamente.

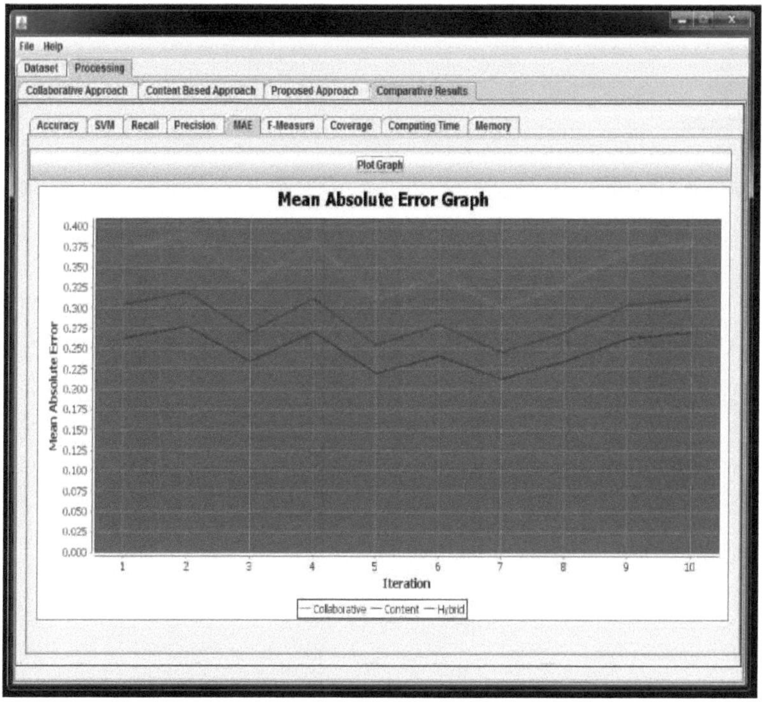

Fig 6.2.1.1.1 Erro Absoluto Médio

Tabela 6.2.1.1.1 Erro Absoluto Médio

Iterações	MAE (Proposta RS)	MAE (Existente Colaborativo RS)	MAE (Existente Baseado no conteúdo RS)
1	0.263	0.37	0.303
2	0.277	0.39	0.32
3	0.234	0.33	0.271
4	0.27	0.38	0.312
5	0.22	0.31	0.254
6	0.241	0.34	0.279
7	0.213	0.3	0.246
8	0.234	0.33	0.271
9	0.263	0.37	0.303
10	0.27	0.38	0.312

6.2.1.2 Cobertura

A figura 6.2.1.2.1 e a tabela 6.2.1.2.1 mostram o gráfico de cobertura e os valores, respetivamente.

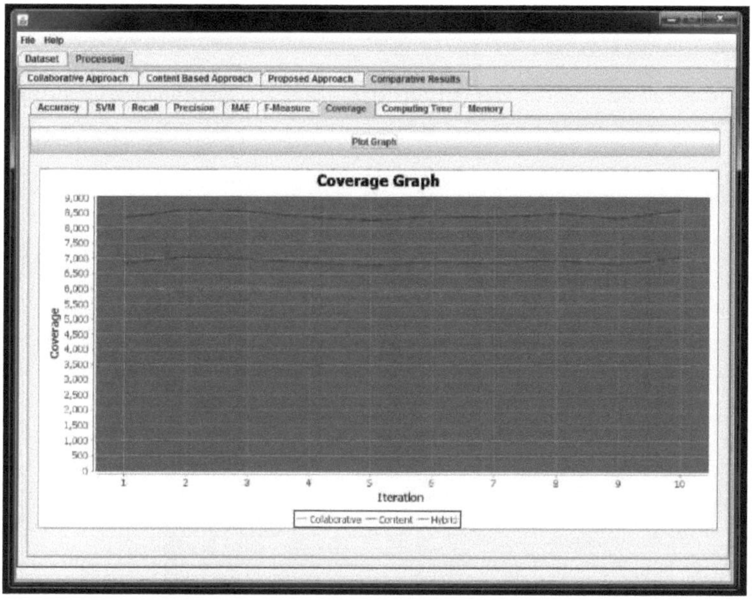

Fig 6.2.1.2.1 Cobertura

Quadro 6.2.1.2.1 Cobertura

Iterações	Cobertura (Proposta RS)	Cobertura (Existente Colaborativo RS)	Cobertura (Existente Baseado no conteúdo RS)
1	8337	5919	6836
2	8599	6105	7051
3	8537	6061	7000
4	8375	5946	6867
5	8269	5870	6780
6	8388	5955	6878
7	8373	5944	6865
8	8492	6029	6963
9	8341	5922	6839
10	8615	6116	7064

6.2.1.3 Recall

A figura 6.2.1.3.1 e a tabela 6.2.1.3.1 mostram o gráfico de recolha e os valores, respetivamente.

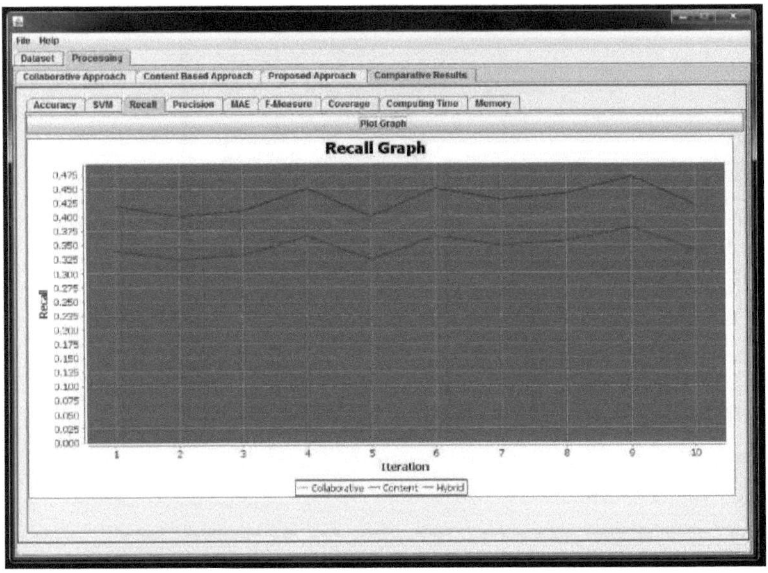

Fig 6.2.1.3.1 Recuperação

Quadro 6.2.1.3.1 Recuperação

Iterações	Recuperação (Proposta RS)	Recall (Existente Colaborativo RS)	Recordação (RS baseada no conteúdo existente)
1	0.42	0.382	0.34
2	0.4	0.364	0.324
3	0.41	0.373	0.332
4	0.45	0.41	0.365
5	0.4	0.364	0.324
6	0.45	0.41	0.365
7	0.43	0.391	0.348

8	0.44	0.4	0.356
9	0.47	0.428	0.381
10	0.42	0.382	0.34

6.2.1.4 Precisão

A figura 6.2.1.4.1 e a tabela 6.2.1.4.1 mostram o gráfico de precisão e os valores, respetivamente.

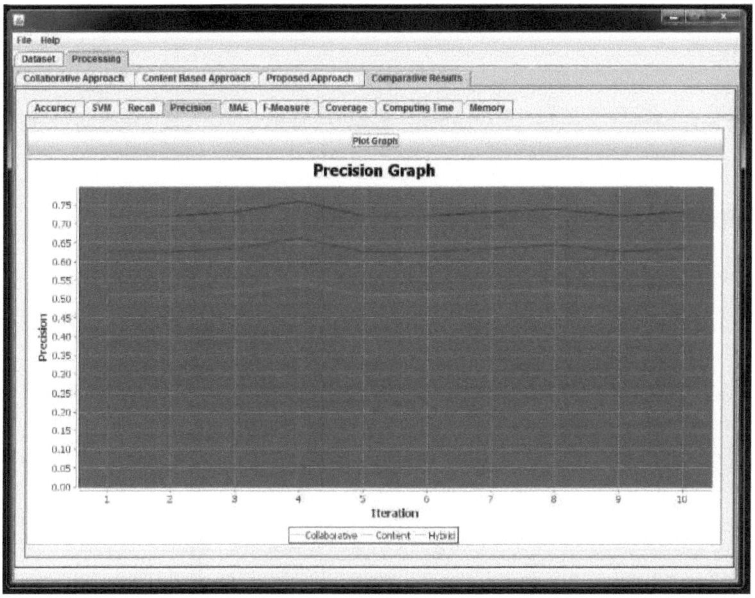

Fig 6.2.1.4.1 Precisão

Quadro 6.2.1.4.1 Precisão

Iterações	Precisão (Proposta de RS)	Precisão (Existente Colaborativo RS)	Precisão (Existente Baseado no conteúdo RS)
1	0.72	0.511	0.626
2	0.72	0.511	0.626
3	0.73	0.518	0.635

4	0.76	0.54	0.661
5	0.72	0.511	0.626
6	0.72	0.511	0.626
7	0.73	0.518	0.635
8	0.74	0.525	0.644
9	0.72	0.511	0.626
10	0.73	0.518	0.635

6.2.1.5 Medida-F

A figura 6.2.1.5.1 e a tabela 6.2.1.5.1 mostram o gráfico e os valores da medida f, respetivamente.

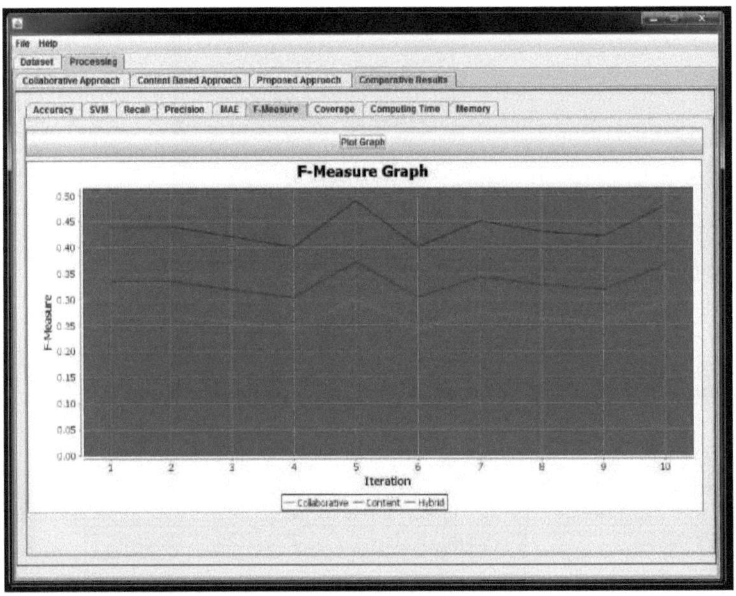

Fig 6.2.1.5.1 Medida F

Quadro 6.2.1.5.1 Medida F

Iterações	**Medida-F (Proposta de RS)**	**Medida F (Existente Colaborativo RS)**	**F-Measure (RS baseado em conteúdo existente)**

1	0.44	0.268	0.334
2	0.44	0.268	0.334
3	0.42	0.256	0.319
4	0.4	0.244	0.304
5	0.49	0.299	0.372
6	0.4	0.244	0.304
7	0.45	0.275	0.342
8	0.43	0.262	0.327
9	0.42	0.256	0.319
10	0.48	0.293	0.365

6.2.2 Exatidão

A figura 6.2.2.1 e a tabela 6.2.2.1 mostram o gráfico de precisão e os valores, respetivamente.

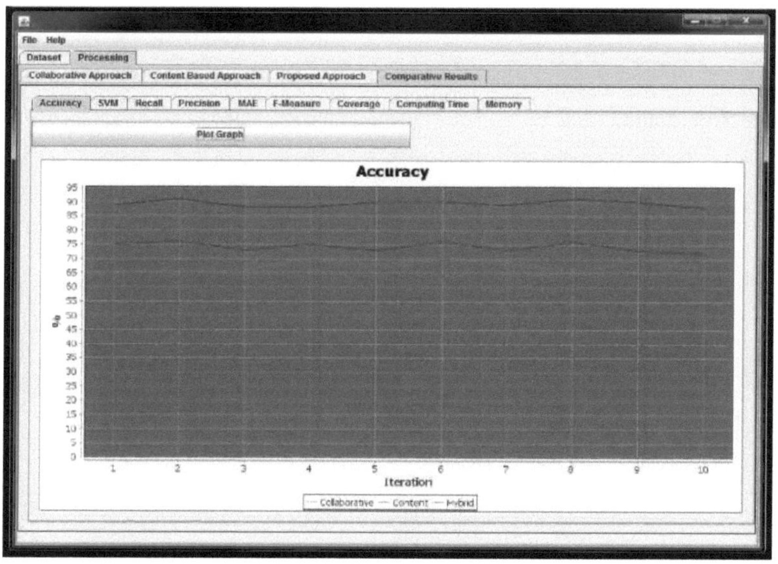

Fig 6.2.2.1 Exatidão

Quadro 6.2.2.1 Exatidão

Iterações	Exatidão (Proposta RS)	Precisão (RS colaborativa existente)	Exatidão (Existente Baseado em conteúdos RS)
1	89	66	75
2	91	66	76
3	88	66	73
4	88	70	75
5	90	68	73
6	90	70	76
7	89	69	73
8	91	65	76
9	90	70	73
10	88	67	72

6.2.3 Tempo de computação

A figura 6.2.3.1 e a tabela 6.2.3.1 mostram o gráfico e os valores do tempo de computação, respetivamente.

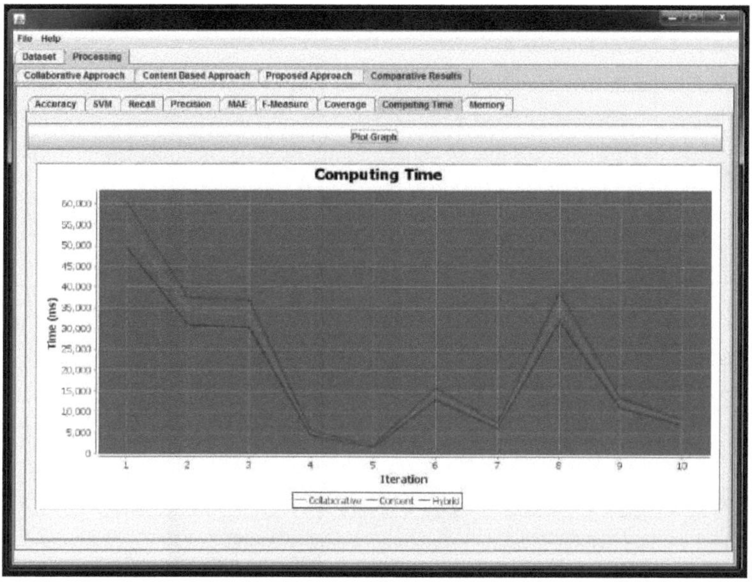

Fig 6.2.3.1 Tempo de computação

Tabela 6.2.3.1 Tempo de computação

Iterações	**Tempo de computação (RS proposto)**	**Tempo de computação (RS colaborativa existente)**	**Tempo de computação (RS baseado em conteúdo existente)**
1	49390	54822	60255
2	30748	34130	37512
3	30233	33558	36884
4	4462	4952	5443
5	1529	1697	1865
6	12963	14388	15814
7	6178	6857	7537
8	31933	35445	38958
9	11092	12312	13532
10	6880	7636	8393

6.2.4 Memória

A figura 6.2.4.1 e a tabela 6.2.4.1 mostram o gráfico e os valores da memória, respetivamente.

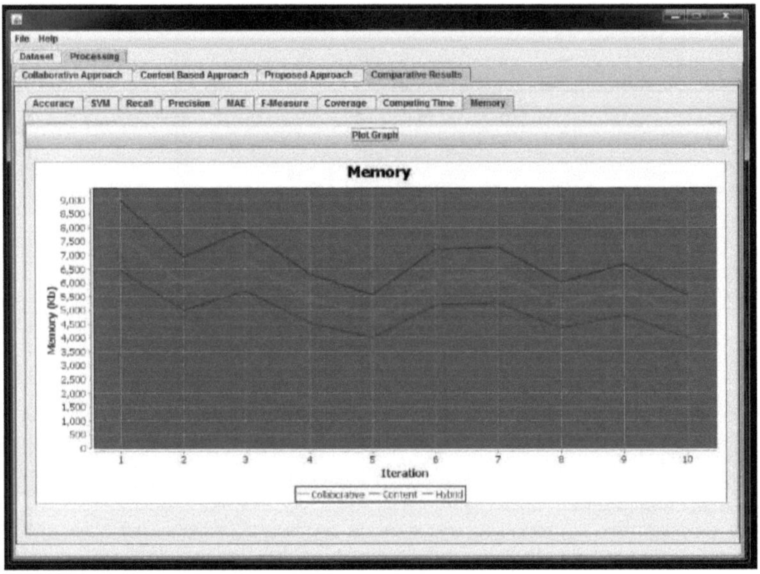

Fig 6.2.4.1 Memória

Quadro 6.2.4.1 Memória

Iterações	Memória (Proposta de RS)	Memória (RS Colaborativa Existente)	Memória (Existente Baseado em conteúdos RS)
1	8982	7724	6467
2	6943	5970	4998
3	7911	6803	5695
4	6320	5435	4550
5	5559	4780	4002
6	7199	6191	5183
7	7292	6271	5250

8	6034	5189	4344
9	6680	5744	4809
10	5536	4760	3985

6.3 Conjunto de dados de 10M de lentes de cinema

Os resultados são apresentados para 10 iterações quando Movie

O conjunto de dados Lens 10M é carregado.

6.3.1 Qualidade

O gráfico das medidas de qualidade é apresentado para 10 iterações quando o conjunto de dados Movie Lens 10M é carregado.

6.3.1.1 Erro Absoluto Médio

A figura 6.3.1.1.1 e a tabela 6.3.1.1.1 mostram o gráfico e os valores do erro médio absoluto, respetivamente.

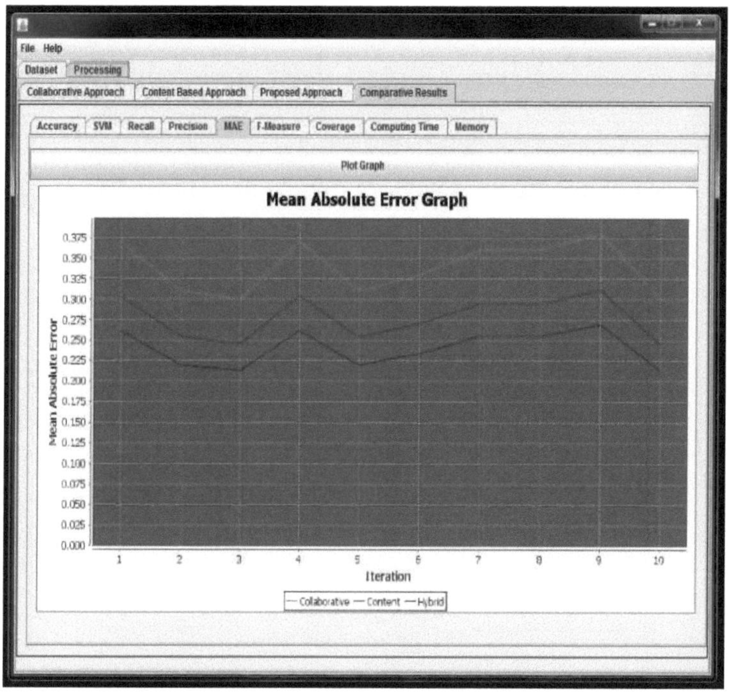

Fig 6.3.1.1.1 Erro Absoluto Médio

Tabela 6.3.1.1.1 Erro Absoluto Médio

Iterações	MAE (Proposta de RS)	MAE (Existente Colaborativo RS)	MAE (Existente Baseado em conteúdos RS)
1	0.263	0.37	0.303
2	0.22	0.31	0.254
3	0.213	0.3	0.246
4	0.263	0.37	0.303
5	0.22	0.31	0.254
6	0.234	0.33	0.271
7	0.256	0.36	0.295
8	0.256	0.36	0.295
9	0.27	0.38	0.312
10	0.213	0.3	0.246

6.3.1.2 Cobertura

A figura 6.3.1.2.1 e o quadro 6.3.1.2.1 mostram as gráfico de cobertura e valores, respetivamente.

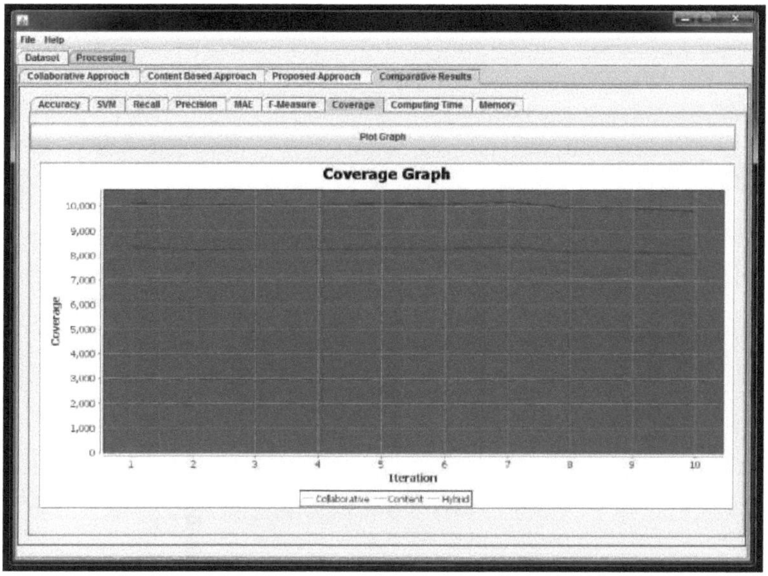

Fig 6.3.1.2.1 Cobertura

Quadro 6.3.1.2.1 Cobertura

Iterações	**Cobertura (Proposta RS)**	**Cobertura (Existente Colaborativo RS)**	**Cobertura (Existente Baseado em conteúdos RS)**
1	10142	7200	8316
2	10036	7125	8229
3	10063	7144	8251
4	10062	7144	8250
5	10113	7180	8292
6	10088	7162	8272
7	10177	7225	8345
8	9961	7072	8168
9	9959	7070	8166
10	9835	6982	8064

6.3.1.3 Recall

A figura 6.3.1.3.1 e a tabela 6.3.1.3.1 mostram o gráfico de recolha e os valores, respetivamente.

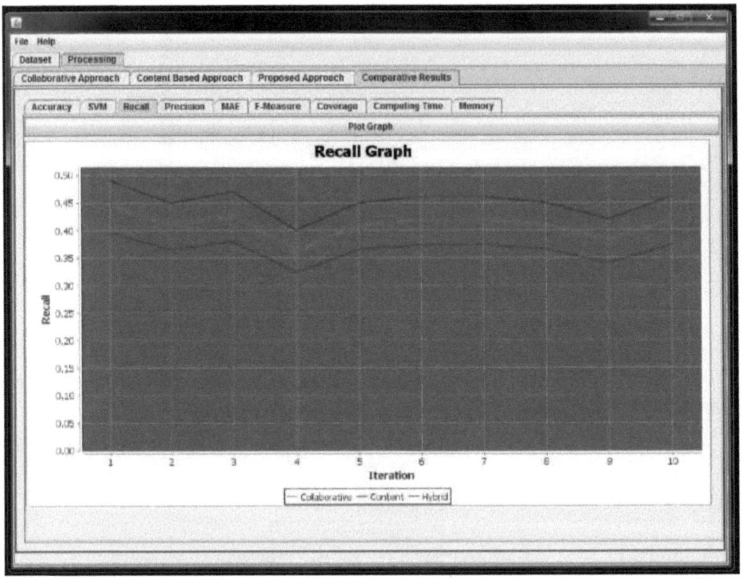

Fig 6.3.1.3.1 Recuperação

Quadro 6.3.1.3.1 Recuperação

Iterações	Recuperação (Proposta RS)	Recall (Existente Colaborativo RS)	Recordação (RS baseada no conteúdo existente)
1	0.49	0.446	0.397
2	0.45	0.41	0.365
3	0.47	0.428	0.381
4	0.4	0.364	0.324
5	0.45	0.41	0.365
6	0.46	0.419	0.373
7	0.46	0.419	0.373

8	0.45	0.41	0.365
9	0.42	0.382	0.34
10	0.46	0.419	0.373

6.3.1.4 Precisão

A figura 6.3.1.4.1 e a tabela 6.3.1.4.1 mostram o gráfico de precisão e os valores, respetivamente.

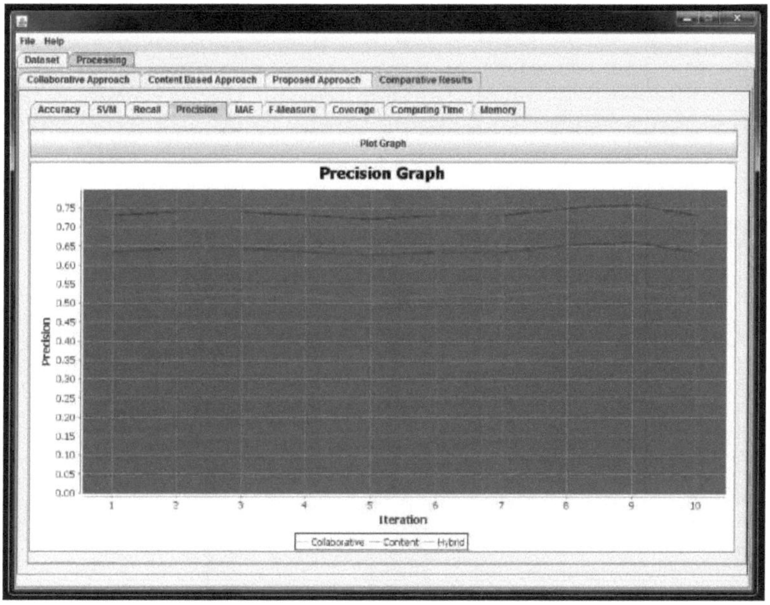

Fig 6.3.1.4.1 Precisão

Quadro 6.3.1.4.1 Precisão

Iterações	**Precisão (Proposta de RS)**	**Precisão (Existente Colaborativo RS)**	**Precisão (Existente Baseado em conteúdos RS)**
1	0.73	0.518	0.635
2	0.74	0.525	0.644
3	0.74	0.525	0.644

4	0.73	0.518	0.635
5	0.72	0.511	0.626
6	0.73	0.518	0.635
7	0.73	0.518	0.635
8	0.75	0.532	0.652
9	0.76	0.54	0.661
10	0.73	0.518	0.635

6.3.1.5 Medida-F

A figura 6.3.1.5.1 e a tabela 6.3.1.5.1 mostram o gráfico e os valores da medida f, respetivamente.

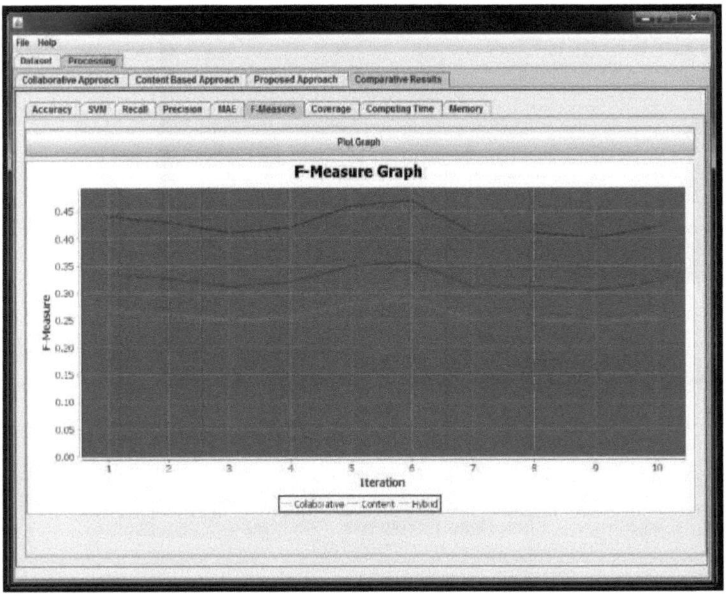

Fig 6.3.1.5.1 Medida F

Quadro 6.3.1.5.1 Medida F

Iterações	Medida-F (Proposta de RS)	Medida F (Existente Colaborativo RS)	F-Measure (RS baseado em conteúdo existente)

1	0.44	0.268	0.334
2	0.43	0.262	0.327
3	0.41	0.25	0.312
4	0.42	0.256	0.319
5	0.46	0.281	0.35
6	0.47	0.287	0.357
7	0.41	0.25	0.312
8	0.41	0.25	0.312
9	0.4	0.244	0.304
10	0.42	0.256	0.319

6.3.2 Exatidão

A figura 6.3.2.1 e a tabela 6.3.2.1 mostram o gráfico de precisão e os valores, respetivamente.

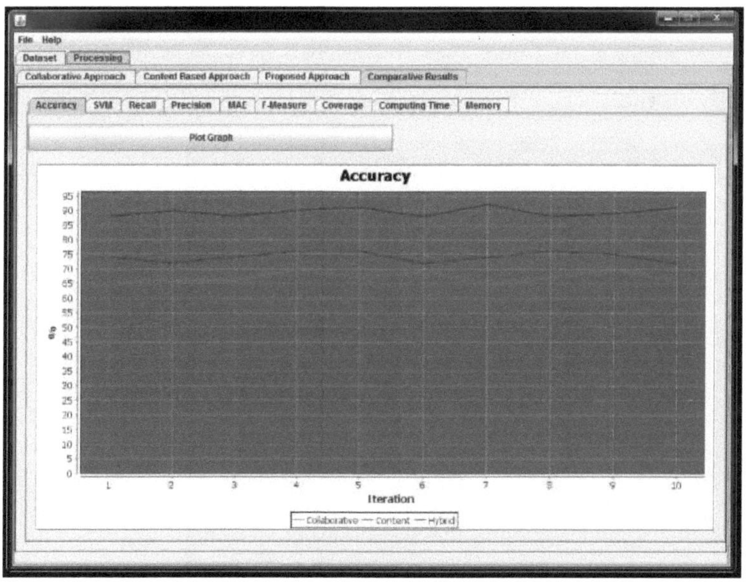

Fig 6.3.2.1 Exatidão

Quadro 6.3.2.1 Exatidão

Iterações	Exatidão (Proposta RS)	Exatidão (Existente Colaborativo RS)	Exatidão (Existente Baseado em conteúdos RS)
1	88	65	74
2	90	66	72
3	88	66	74
4	90	70	76
5	91	67	76
6	88	69	72
7	92	65	74
8	88	67	76
9	89	70	75
10	91	66	72

6.3.3 Tempo de computação

A figura 6.3.3.1 e a tabela 6.3.3.1 mostram o gráfico e os valores do tempo de computação, respetivamente.

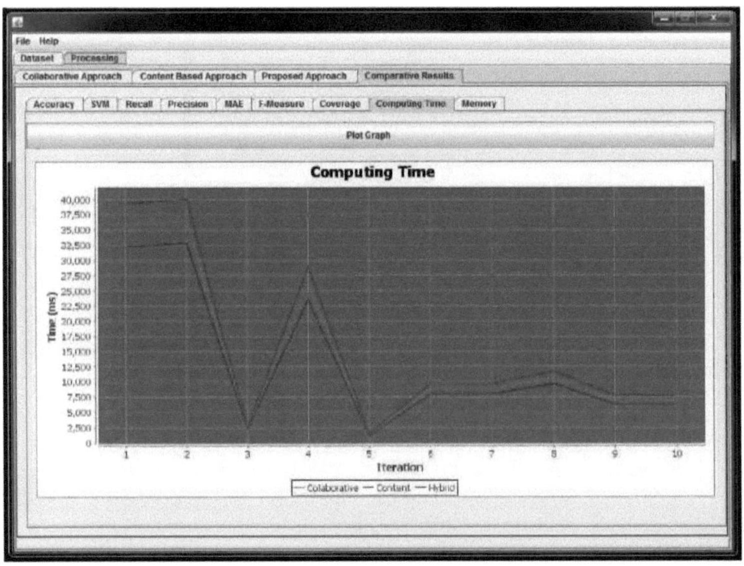

Fig 6.3.3.1 Tempo de computação

Tabela 6.3.3.1 Tempo de computação

Iterações	**Tempo de computação (RS proposto)**	**Tempo de computação (RS colaborativa existente)**	**Tempo de computação (RS baseado em conteúdo existente)**
1	32277	35827	39377
2	32807	35416	40024
3	2309	2562	2816
4	23634	26233	28833
5	1186	1316	1446
6	7972	8848	9725
7	7941	8814	9688
8	9625	10683	11742
9	6318	7012	7707
10	6272	6961	7651

6.3.4 Memória

A figura 6.3.4.1 e a tabela 6.3.4.1 mostram a memória gráfico e valores, respetivamente.

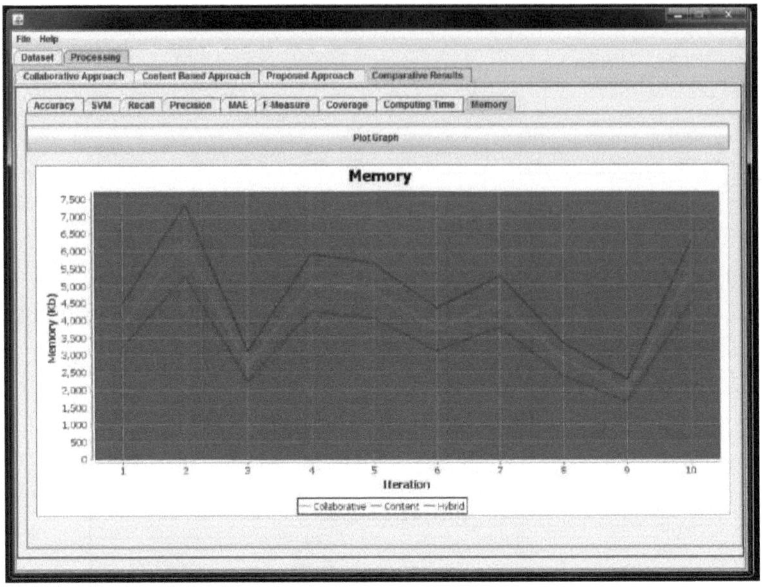

Fig 6.3.4.1 Memória

Quadro 6.3.4.1 Memória

Iterações	Memória (Proposta de RS)	Memória (Existente Colaborativo RS)	Memória (Existente Baseado em conteúdos RS)
1	4473	3846	3220
2	7338	6310	5283
3	3091	2658	2225
4	5906	5079	4252
5	5656	4864	4072
6	4340	3732	3124
7	5262	4525	3788
8	3330	2863	2397
9	2286	1965	1645
10	6271	5393	4515

6.4 Gráfico SVM

O classificador SVM é utilizado para classificar os filmes em semelhantes e dissemelhantes. As figuras 6.4.1 e 6.4.2 mostram o gráfico SVM e o gráfico SVM (zoom), respetivamente.

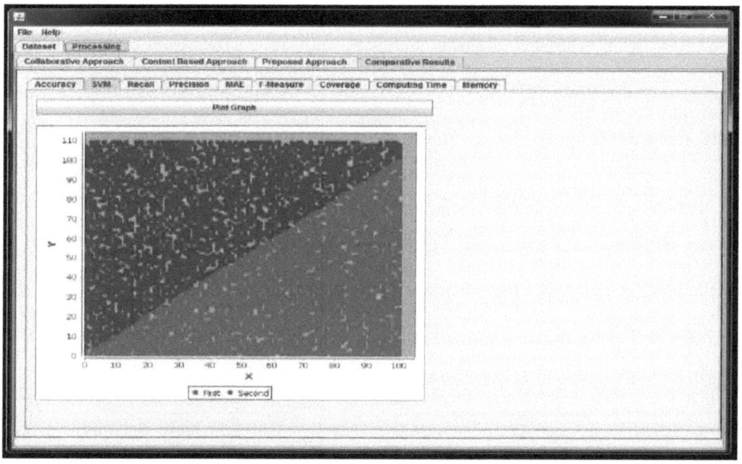

Fig 6.4.1 Gráfico SVM

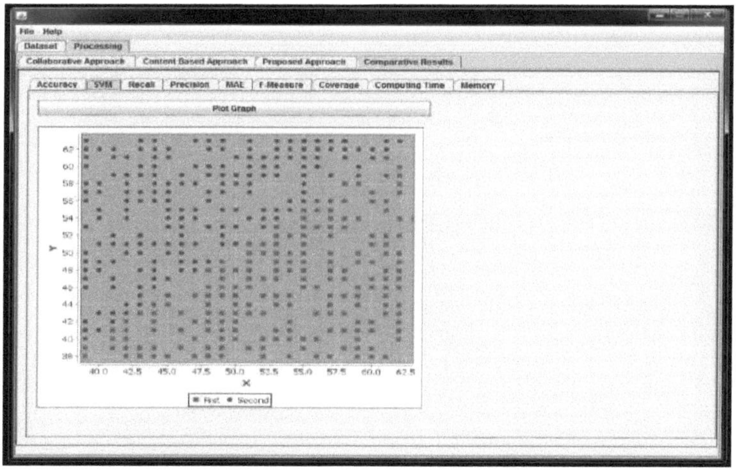

Fig 6.4.2 Gráfico SVM (Zoom)

6.5 Escalabilidade

A escalabilidade de um sistema significa que o sistema deve continuar a funcionar eficientemente quando o número de filmes aumenta. A razão para considerar três conjuntos de dados de lentes de filmes de tamanhos diferentes é verificar o parâmetro de escalabilidade, ou seja, quando a abordagem proposta é aplicada a três conjuntos de dados de lentes de filmes de tamanhos diferentes, o sistema deve continuar a funcionar bem e a apresentar um bom desempenho, se o sistema for escalável. Os resultados mostram que o sistema de recomendação de filmes com a nossa abordagem proposta é escalável.

6.6 Análise de resultados

O resultado é que, quando a metodologia proposta é implementada individualmente em três conjuntos de dados diferentes de lentes de filmes, aumenta a exatidão, a escalabilidade e a qualidade do sistema de recomendação de filmes, em comparação com a implementação da abordagem baseada em conteúdos puros ou da abordagem colaborativa pura individualmente em três conjuntos de dados diferentes de lentes de filmes. O tempo de computação da abordagem proposta é menor, mas a necessidade de memória da abordagem proposta é maior do que a da abordagem baseada em conteúdos puros ou da abordagem colaborativa pura existentes.

Capítulo- 7

Conclusões e sugestões para trabalhos futuros

Este capítulo contribui com um resumo completo do estudo de investigação efectuado, sendo também sugerido o possível aperfeiçoamento futuro do trabalho.

7.1 Conclusão

O sistema de recomendação filtra informações de grandes conjuntos de dados e apresenta sugestões aos clientes de acordo com os seus gostos, quer com base no historial do cliente, quer com base nas classificações dadas pelos clientes a diferentes artigos. Estes sistemas são muito influentes, uma vez que orientam os clientes e conduzem a pesquisa numa direção adequada. Os sistemas de recomendação de filmes estão a tornar-se mais apelativos para os investigadores e cientistas de dados. Os motores de recomendação de filmes estão a tornar-se rapidamente uma ferramenta elementar na Web. Os sistemas de recomendação de filmes ajudam os utilizadores, permitindo-lhes localizar os filmes de que gostam e que desejam ver. Atualmente, os motores de recomendação de filmes estão a ser pressionados pelo enorme volume de dados e, no futuro, serão ainda mais pressionados pela quantidade crescente de dados sobre filmes e utilizadores presentes na Web. Por conseguinte, são necessárias metodologias avançadas que possam melhorar eficazmente a escalabilidade, a exatidão e a qualidade dos sistemas de recomendação de filmes.

Por isso, todo o trabalho é focado na análise investigativa do sistema de recomendação de filmes. Este trabalho de dissertação traz uma formularização reformulada para melhorar a escalabilidade, a precisão e a qualidade de um sistema de recomendação de filmes. Neste trabalho de investigação, é proposta uma abordagem unificando a filtragem colaborativa e a filtragem baseada em conteúdos, que inclui a técnica baseada em memória e a técnica baseada em modelos, utilizando a Support Vetor Machine como classificador e o algoritmo genético para otimização.

A implementação da metodologia proposta é apresentada utilizando a tecnologia JAVA. Após a implementação para estudo comparativo, são utilizados modelos baseados em abordagens puras com parâmetros de precisão e qualidade. São utilizados três conjuntos de dados de diferentes dimensões para verificar o parâmetro de escalabilidade.

Os resultados comparativos mostram que a abordagem proposta melhora a escalabilidade, a precisão e a qualidade do sistema de recomendação de filmes em relação às abordagens puras. A abordagem proposta ajuda a obter os benefícios de ambas as abordagens puras, enquanto os estrangulamentos de ambos os métodos serão eliminados. O tempo de computação da abordagem proposta é menor, mas a necessidade de memória da abordagem proposta é maior do que a abordagem baseada em conteúdos puros ou a abordagem colaborativa pura existentes.

A análise comparativa obtida entre a abordagem proposta e a abordagem existente (abordagens puras) é apresentada da seguinte forma:

Quadro 7.1.1 Análise comparativa

PARÂMETROS	**COLABORATIVO**	**COM BASE NO CONTEÚDO**	**PROPOSTA**
	ABORDAGEM	**ABORDAGEM**	**ABORDAGEM**
Exatidão	Baixa	Média	Elevado
Qualidade	Baixa	Média	Elevado
Escalabilidade	Menos	Média	Elevado
Tempo de computação	Média	Elevado	Baixa
Memória	Média	Baixa	Elevado

7.2 Âmbito futuro

O trabalho de investigação foi bastante bem sucedido e concluído de forma satisfatória. O seguinte trabalho futuro pode ser efectuado:

Nesta abordagem proposta, considerámos os géneros de filmes, mas, no futuro, também podemos considerar a idade do utilizador, uma vez que, de acordo com a idade, as preferências de filmes também mudam, como, por exemplo, durante a nossa infância, gostamos mais de filmes de animação do que de outros filmes.

É necessário trabalhar futuramente sobre os requisitos de memória da abordagem proposta.

A abordagem proposta foi aqui implementada apenas em diferentes conjuntos de dados de lentes de filmes. Também pode ser implementada nos conjuntos de dados Film Affinity e Netflix e o desempenho pode ser calculado no futuro.

Referências

[1] Hirdesh Shivhare, Anshul Gupta e Shalki Sharma (2015), "Recommender system using fuzzy c-means clustering and genetic algorithm based weighted similarity measure", IEEE International Conference on Computer, Communication and Control.

[2] Manoj Kumar, D.K. Yadav, Ankur Singh e Vijay Kr. Gupta (2015), "Um sistema de recomendação de filmes: MOVREC", International Journal of Computer Applications (0975 - 8887) Volume 124 - No.3.

[3] Kasra Madadipouya (2015), "A Location-Based Movie Recommender System Using Collaborative Filtering", International Journal in Foundations of Computer Science & Technology (IJFCST), Vol.5, No.4, July 2015.

[4] RyuRi Kim, Ye Jeong Kwak, HyeonJeong Mo, Mucheol Kim, Seungmin Rho,Ka Lok Man, Woon Kian Chong (2015), "Trustworthy Movie Recommender System with Corret Assessment and Emotion Evaluation", Proceedings of the International MultiConference of Engineers and Computer Scientists Vol II.

[5] Karzan Wakil, Rebwar Bakhtyar, Karwan Ali, Kozhin Alaadin (2015), "Improving Web Movie Recommender System Based on Emotions", (IJACSA) International Journal of Advanced Computer Science and Applications, Vol. 6, No. 2

[6] Zan Wang, Xue Yu, Nan Feng, Zhenhua Wang (2014), "An Improved Collaborative Movie Recommendation System using Computational Intelligence",Journal of Visual Languages & Computing,Volume 25, Issue 6.

[7] Bo Li, Yibin Liao, e Zheng Qin (2014), "Precomputed Clustering for Movie Recommendation System in Real Time", Journal of Applied Mathematics, Volume 2014.

[8] Mohammad Yahya, H. Al-Shamri, Nagi, H. Al- Ashwal (2014), "Fuzzy-Weighted Similarity Measures for Memory-Based Collaborative Recommender Systems", Journal of Intelligent Learning Systems and Applications, 2014, 6, 110

[9] Soanpet Sree Lakshmi, Dr. T. Adi Lakshmi (2014), "Recommendation Systems: Issues and challenges", International Journal of Computer Science and Information

Technologies, Volume 5 (4).

[10] F.Darvishi-mirshekarlou, SH.Akbarpour, M.Feizi-Derakhshi (2013), "Reviewing Cluster Based Collaborative Filtering Approaches", International Journal of Computer Applications Technology and Research Volume 2- Issue 6, 650 - 659

[11] Debadrita Roy, Arnab Kundu, (2013), "Design of Movie Recommendation System by Means of Collaborative Filtering", International Journal of Emerging Technology and Advanced Engineering, Volume 3, Issue 4.

[12] Soumi Ghosh, Sanjay Kumar Dubey (2013), "Comparative Analysis of K-Means and Fuzzy C-Means Algorithms", International Journal of Advanced Computer Science and Applications, Volume 4, No.4.

[13] Dong Nie, Lingzi Hong, Tingshao Zhu (2013), "Movie Recommendation using Unrated Data", 12.ª Conferência Internacional do IEEE sobre Aprendizagem Automática e Aplicações (ICMLA).

[14] Sajal Halder, A. M. Jehad Sarkar, Young- Koo Lee (2012), "Movie Recommendation System Based on Movie Swarm", Segunda Conferência Internacional sobre Computação em Nuvem e Verde.

[15] Mahiye Uluyagmur, Zehra Cataltepe e Esengul Tayfur (2012)," Content Based Movie Recommendation Using Different Feature Sets", Actas do Congresso Mundial de Engenharia e Ciências da Computação 2012, Vol I, WCECS 2012, 24-26 de outubro de 2012, São Francisco, EUA.

[16] Sang-Ki Ko, Sang-Min Choi, Hae-Sung Eom, Jeong-Won Cha, Hyunchul Cho, Laehyum Kim, e Yo-Sub Han (2011), "A Smart Movie Recommendation System", Human Interface and the Management of Information. Interagindo com a Informação: Simpósio sobre Interface Humana 2011, Orlando, FL, EUA, 9-14 de julho de 2011, Actas, Parte I, Springer Berlin, Heidelberg.

[17] K. Arun Prabha, R. Saranya (2011), "Refinement of K-Means Clustering Using Genetic Algorithm", Journal of Computer Applications (JCA), Volume IV, Issue 2.

[18] Shiva Nadi, Mohammad. H. Saraee, Mohammad Davarpanah Jazi e Ayoub

Bagheri (2011), "FARS: Fuzzy Ant based Recommender System for Web Users", International Journal of Computer Science Issues (IJCSI), Vol. 8, Issue 1, janeiro de 2011.

[19] Mustansar Ali Ghazanfar e Adam Prugel-Bennett (2010), "An Improved Switching Hybrid Recommender System Using Naive Bayes Classifier and Collaborative Filtering", Proceedings of the International MultiConference of Engineers and Computer Scientists 2010 Vol I, IMECS 2010,March 1719, 2010, Hong Kong.

[20] Eyrun A. Eyjolfsdottir, Gaurangi Tilak, Nan Li (2008), "MovieGEN: A Movie Recommendation System", Actas da Conferência de 2008.

[21] Christina Christakou e Andreas Stafylopatis (2005), "A Hybrid Movie Recommender System Based on Neural Networks", Actas da 5ª Conferência Internacional do IEEE de 2005 sobre a conceção e as aplicações de sistemas inteligentes (ISDA'05).

[22] Q Chen, U Aickelin (2004), "Movie Recommendation Systems Using An Artificial Immune System", Poster Proceedings of ACDM Engineers' House, Bristol, Reino Unido.

[23] Kyung-Yong Jung, Dong-Hyun Park, Jung-Hyun Lee (2004), "Personalized Movie Recommender System through Hybrid 2-Way Filtering with Extracted Information", Actas da 6ª Conferência Internacional sobre Sistemas Flexíveis de Resposta a Consultas, FQAS 2004, Springer Berlin Heidelberg, Lyon, França, 24-26 de junho de 2004.

[24] Qing Li, Byeong Man Kim (2003), "Clustering Approach for Hybrid Recommender System", Proceedingsof the IEEE/WIC International Conference on Web Intelligence.

[25] Kaivan Wadia, Pulkit Gupta, "Movie Recommendation System based on SelfOrganizing Maps", artigo de jornal.

[26] S.V.N. Vishwanathan, M. Narasimha Murty (2002), "SSVM: A Simple SVM

Algorithm", Actas da Conferência Internacional Conjunta sobre Redes Neuronais, IJCNN'02 (Volume: 3).

[27] Badrul Sarwar, George Karypis, Joseph Konstan e John Riedl (2001), "Item Based Collaborative Filtering Recommendation Algorithms", Actas da 10ª th International Conference on World Wide Web, Hong Kong.

[1] **SVMtutorial** :

https://www.csie.ntu.edu.tw/~cjlin/libsvm/

MIX
Papier aus verantwortungsvollen Quellen
Paper from responsible sources
FSC® C105338

Printed by Books on Demand GmbH, Norderstedt / Germany